How to Be Happy 如何快樂

A Memoir of Love, Sex and Teenage Confusion

關於愛、性，
與青春
的迷惘。

David Burton
大衛・伯頓 著
周佳欣 譯

本書內容皆為真實事件，僅有人物姓名加以更動。

目錄

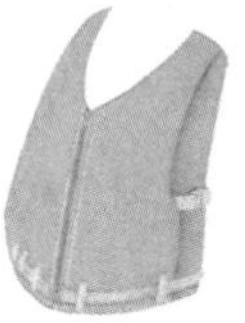

CONTENTS

我對你說了謊 I've Lied to You Already 6
第1章 天使的臉龐 Angel Faces 10
第2章 大笨蛋 Smeghead 28
第3章 游泳嘉年華 The Swimming Carnival 44
第4章 自我毀滅 Self-sabotage 64
第5章 甜蜜十六歲 Sweet Sixteen 79
第6章 喂～ Yoo-hoo! 97
第7章 瘀傷 Bruises 106
第8章 醫生和憂鬱症 Doctors and Depression 120
第9章 起床 Getting Out of Bed 129

第 10 章 如何熬過中學的最後一年 How to Survive Year Twelve 146
第 11 章 出櫃 Out 158
第 12 章 所有的滋味 All the Feels 168
第 13 章 性別是流動的 Fluids 180
第 14 章 長大成人 Grown Up 194
第 15 章 翻天覆地 Turning Inside Out 211
第 16 章 失而復得 Lost and Found 222
第 17 章 無膽奇俠 Gutless Wonder 237
第 18 章 陷得太深 Too Far Gone 252
第 19 章 如何不快樂 How to Be Unhappy 264
現在 Now 280

我對你說了謊 1

I've Lied to You Already

其實我不知道怎麼快樂起來。

好啦，對不起，我知道談這個有點尷尬。

那麼，讓我換個說法。我不知道怎麼讓**你**快樂起來。不過，我卻挺懂得可以幫得上忙的方法。問題是，我的方法說起來遜斃了。有點像是你向人請教減肥的祕訣，他們的答案卻是：控制飲食和多運動。

雖然這是實話，可是沒有什麼幫助。

再來，我不是醫生，也沒有什麼心理諮商方面的資格。我受過文藝相關的專業訓練，我可以告訴你如何用後女性主義的批判角度來詮釋莎士比亞，以及怎麼填政府社會福利部門的表格。

說了這麼多，如果你還是願意讀這本書的話，你眞的是個容易信賴別人的傢伙。我喜歡這樣的你。說真的，你實在是太可愛了。

我對快樂著迷不已，我正在寫的就是有關快樂的東西。在我的人生中，有大半的時間完全感受不到快樂。我很小的時候，就斷斷續續被診斷出患有慢性憂鬱症。當我逐漸長大成人，我開始意識到自己的問題很嚴重，並且想盡辦法要讓自己快樂一點。我猜你會想要反駁我：大部分的人都是這樣啊，每個人都是時時刻刻想著要讓自己更快樂，而且都在尋找各種快樂的方法，比如拿好成績、交新朋友、狂歡作樂……

不過，多數人都心知肚明，真正的快樂和無窮的滿足感其實一直都存在。年輕的學生，你明白吧，真正的快樂只有在自己的內心才能找到。

對啊，就是如此。

說起來很遜。但這是真話。

1 本書註腳皆為譯註。

以下是研究報告指出可以讓人感到快樂的一些事：

陽光。到戶外曬曬太陽。陽光可以提高大腦內血清素濃度，那是可以讓你快樂的物質，是抗憂鬱的天然良方。

運動。我想在這一點上，我跟你是同一國的。我聽說過一堆「某某人說」，都在暗示運動會讓人很**不**快樂。我自己就是一運動就會性情乖戾、還會便祕的傢伙。不過，只要撐過了那個階段，你就會覺得心情愉快了一些。我很不想承認這一點，但是運動眞的會讓你快樂起來。

健康的社交生活。我總覺得這點有些微妙，畢竟認眞來說，我自己就是個相當內向的人。不過，有親密的朋友和良好的人際關係，在你有需要時，可以找到一群能夠支持你的人。有很長的一段時間，除了家人之外，我的身邊都沒有這樣的朋友。後來我終於找到了，關於這件事，在後面我會多聊一些。

良好的飲食習慣。有健康的身體才會有健康的心靈。但我對這一點又有意見了。一星期吃三次麥當勞也會讓我快樂得**不得了**。可是這樣的快樂很短暫，長時間下來是行不通的。大致上，均衡的飲食的確讓人有健全的心智。雖然說起來很掃興啦。

好了，不談這些了。上面說的其實你都知道，因爲這些是常識。我想我們都**知道**如何讓自己快樂起來，可是要怎麼讓自己眞的變快樂才是問題所在。我自己就有這個問題。

我唯一可以告訴你完全可靠而且絕對不算太遜的建議，那就是我自己的經驗。我的生命裡有快樂時光，也同時有愁雲慘霧的不幸時刻。

爲什麼我們總是把生活畫分成兩大類？不是快樂，就是悲傷。到目前爲止，我生命中的快樂與悲傷是交融難分的。我無法將這兩者分開，然後只用我的快樂時光來告訴你如何快樂，或者是用我的悲傷經驗告訴你如何避免悲傷。我能做的，就是告訴你我的整個心路歷程。

01 天使的臉龐
Angel Faces

讓我介紹卡麥隆給你認識。在視覺藝術的課堂上，他隔著桌子，用手繞住我的脖子，把我蜷起的身子大字展開，班上鬧哄哄的，其他人根本不在乎我快被弄死了。大家進入中學就讀還不到幾周，可是他們卻早已習慣了卡麥隆的古怪舉動。

一身波希米亞風的藝術老師到學校工作不過半年，而且這六個月是她僅有的教學經驗，等到學年結束的時候，對於這個壓根兒不是她自己選擇的教書工作，她就會舉手投降了。不過，現在的她正一籌莫展地站在教室的另外一頭，我也只能任由卡麥隆把我的脖子越圈越緊。

是我先招惹卡麥隆的，我罵他是個白癡。對我來說，他的確是白癡啊，或者應該說，至少他的行爲舉止就像那樣。

我怯怯地在口中這麼叨唸著，當他叫我娘娘腔的時候，我也只敢轉身奚落他。

對他來說，我是娘娘腔啊，或者應該說，至少我的行爲舉止就像那樣。

我跟卡麥隆不一樣，我就是接不到球，而且我也沒有興趣知道一瓶可樂搖五分鐘後會跑出多少泡沫。不過，我也證明了自己知道一些卡麥隆不會的東西，像是基礎數學和英文，所以我就被斷定是個娘娘腔。

「我可以像折樹枝一樣把你折斷！」他朝我大吼。

我被人霸凌慣了，而卡麥隆就是一個不折不扣的典型小惡霸。他的身材高大，頭髮梳得尖尖的像隻刺蝟，比起我們身邊其他十三歲的小孩子，他的睪固酮分泌得特別旺盛。他甚至還有個小跟班川特。川特是全年級最弱小的孩子，長得圓嘟嘟的，他裝出一副笨笨的模樣，而且還把卡麥隆當成英雄來崇拜。川特跟我不一樣，打從一開始，他就做出了明智的抉擇，讓自己成爲卡麥隆最好的朋友，畢竟要是沒有這麼做的話，他的屁股就要遭殃了。

在這場中學生的權力遊戲中，我又會跟誰**成為**好朋友呢？

那就是我最親愛的雷。

中學生活的第一天，我站在一間教室外頭，等老師來上課，或者是等別人來告訴我要做什麼。

「你喜歡起司嗎？」我的身後傳來一股低沉的嗓音。

我一轉身就見到了雷。接著我們花了十分鐘聊起司，吃完午餐後又繼續聊，等到隔天上課還是聊同樣的話題。

我對雷可以說是又愛又恨。雖然他讓我很快跌到了學校社交階級的底層，可是他不會對我評頭論足。只要我們聊的話題是起司和《神奇寶貝》，我就是個很棒的朋友。

跟大部分的人相比，雷需要多花一點時間才能把話說得完整。他將他那頭油油的長髮紮成亂糟糟的馬尾，皮膚也髒髒油油的，而衣服穿在他身上的樣子，就像是有人從大老遠把衣服丟過來正好套住了他一樣，亂七八糟的。由於我們學校沒有置物櫃，學生得背著當天要用的課本到處跑，書包幾乎跟我們自己一樣重，因此每個新生都彎腰駝背。不過，雷的身軀似乎被壓得比其他人要來得沉些。

雷有亞斯伯格症，我一下子就看出來了。這讓我覺得自在。我對亞斯伯格症的理解，來自於我的一對雙胞胎弟弟。

我想我應該要在這裡解釋一下亞斯伯格症，雖然有點難啦。

你曾經是那個在亂成一團的派對上唯一保持清醒的人嗎？你的身旁圍繞著一堆正在享樂、高聲歌唱和熱情擁吻的人，他們偶爾還會踉蹌地跌在你身上，或是在你耳邊胡謅亂說一通。只要你不在乎他們是否爛醉如泥，而能夠從中感受到一些樂趣的話，他們偶爾出現的片刻清明，甚至可以說是一種享受。有些時候，你會覺得自己與周遭的瘋狂是完全疏離的，甚至會覺得有點危險；當旁人因為你參與不了的事情而越來越嗨的時候，你開始有了旁人無法理解的焦慮。

這種情況就有點像亞斯伯格症的狀況。我解釋得不怎麼高明，但至少起了個頭。當然還有數不清的情況可以拿來作為解釋。

我最喜歡的是很久以前聽來的一個故事，這故事發生在十九世紀，而如今已經無法證實。故事裡形容亞斯伯格症的患者容貌天真，不僅輪廓柔和，而且皮膚乾淨無瑕，有時候還會被說成是「出塵脫俗」（試著想像一下《魔戒》裡的精靈）。因為這樣的特質，再加上林林總總的行為舉止，他們因此被稱為擁有「天使臉龐」的人。

這個稱號也沿用至今，只要上網搜尋關鍵字「亞斯伯格症」和「天使」，你就可以看到五花八門的網站，聲稱有神學證據，可以證明亞斯伯格症患者是天使的化身。

我喜歡這個古怪的推論，原因當然不是因爲這個說法有說服力（不管你的看法是什麼，我都可以接受），我喜歡的理由是因爲這個說法不認爲亞斯伯格症的孩子天性**出了問題**。並不是這些孩子需要向他人學習，而是**其他人**要向**他們**學習才對。

但我擔心這樣的解釋還是讓人一頭霧水。

亞斯伯格症基本上是一種社會溝通失調的症狀。有亞斯伯格症的孩子很難融入外面的世界。他們無法理解情緒和社交方面的訊息，也完全無法接收一般人平日用來表達感受的微妙信號。許多亞斯伯格症患者爲了生存需要，只好學著複製一般人的情緒反應。

因爲患有亞斯伯格的人不太會感覺到壓力和焦慮，因此他們需要一套固定不變的生活作息。只要打破這套作息規律，就算只是稍做更動，都可以造成讓人難以忘懷的創傷。

我的雙胞胎弟弟比我小兩歲，不滿五歲的時候就被診斷出患有亞斯伯格症。醫生原本認爲他們永遠無法開口說話，但結果卻不是這樣，長大後，他們大部分的表現都正常；雖然他們無法工作，而且必須整天跟我爸媽待在家裡。

我的兩個弟弟具有渾然天成的魅力，而這全來自於他們超乎尋常的複製能力。他們可以隨心所欲且一字不漏地背出《蓋酷家庭》（*Family Guy*）、《辛普森家庭》（*The Simpsons*）、《湯瑪士小火車》（*Thomas the Tank Engine*）、《六人行》（*Friends*）和《拉諾和伍德雷的冒險》（*The Adventures of Lano& Woodley*）等電視節目裡的對白。此外，他們還收藏了多達一整面牆的電動遊戲。假如有人要求他們背出其中任何一個橋段，你就能聽到一場熱情無比的獨白演說。

在這對男孩的成長過程中，有很長一段時間，他們說的話有百分之九十九都是電影或電視劇的台詞。他們的字典就是流行文化。

被惹毛了嗎？他們的聲音會變得低沉，並且逼眞地換上荷馬怒罵霸子[2]的語

2 荷馬（Homer）與霸子（Bart）是《辛普森家庭》的父子檔。

氣。對某人的搗蛋行徑感到失望嗎？胖總管[3]會突然上身，開始對「頑皮的火車頭」滔滔不絕地訓話。

隨著時間過去，他們找到了自己說話的方式，他們現在已經可以不用借助電視影集的對白來表達自己內心的情感。這是一輩子努力學習得來的成果。

正是因此，陪伴我長大的是法蘭克・伍德雷（Frank Woodley）、科林・萊恩[4]、格里芬家的彼德和史杜伊[5]、錢德勒・賓[6]以及胖總管。我的弟弟安迪和克里西就隱身於他們之中。

接著，就請你邊聽民謠吉他彈奏的獨立音樂，一邊盡情享受我接下來要說的成長過程與生活片段吧。

克里西六歲的時候，某天在後院突然倒地不起。雖然他雙眼還睜著，也還有呼吸，但是卻完全沒有反應。心急如焚的媽媽擔心這是某種腦衰竭的症狀，迅速把他塞進車子後座，我們直奔醫院。

才剛到達醫院，克里西就從僵直不動的狀態中恢復如常，並且馬上玩了起來。媽媽焦急地問他怎麼了，他卻只是淡淡的回答：「我是超人，被克利普頓石襲擊。」他入戲的程度眞是令人訝異。

有一次，媽媽只是想給爸爸一個單純的驚喜，讓他有張可以放在桌上的妻子和三個小孩的的合照。這個主意想來眞是不錯：安迪、克里西、媽媽和我都對著他笑。只不過，那位年輕的攝影師根本無法招架這對雙胞胎兄弟，畢竟他們壓根不會聽從別人要他們坐在哪裡、如何微笑或是保持不動。他們只是六、七歲的小孩。花了半小時只拍出失敗照片的結果就是把他們搞得氣呼呼的，在大庭廣衆下大發雷霆。等到媽媽好不容易把他們弄進車，正要開車走人之際，突然有人敲了車窗。

媽媽降下車窗，只見有位女人故作和藹地在車外微笑。「嗨，」她對媽媽說道：

3 胖總管是《湯瑪士小火車》中類似父親的角色，小火車只要行為越軌就會受到他的懲罰。

4 Colin Lane，《拉諾和伍德雷的冒險》，飾演法蘭克．伍德雷的演員。

5 Peter and Stewie Griffin，這是《蓋酷家庭》的兩位角色，彼德是普通的美國父親，肥胖、愚笨又愛裝模做樣的藍領階級；史杜伊是他的小兒子，素有魔鬼男嬰之稱。

6 Chandler Bing，這是《六人行》的一位角色。

「我注意到妳好像有些麻煩。我只是想要告訴妳，耶穌基督或許可以給妳答案。」

對於媽媽信誓旦旦地應允那位年輕女人，我的雙胞胎兄弟氣呼呼地不斷責怪媽媽，因爲她回答那位年輕女人「肯定如此」。

安迪和克里西在小學舉辦的一場音樂會中成了明星。他們模仿了一小段毫無瑕疵的《拉諾和伍德雷的冒險》而博得滿堂喝彩。然而，等到下台回到座位上看其他人表演時，他們卻成了嚴厲的批評者。他們無法了解爲什麼別人達不到完美的境界，尤其是一群少女組成的業餘樂團，尖聲唱著《神奇寶貝》的主題曲，特別引起安迪的厭惡及嘲笑。

那群女孩下台後一窩蜂聚到他面前問他的意見，只聽見他馬上脫口而出：「妳們唱得爛透了。」

後來我們在回家的途中談了有關禮貌的問題。

「但是她們唱得很爛啊！」安迪爭辯著，整個人沮喪到皮膚通紅。

對他來說，她們眞的唱得爛透了。

在我們年紀還小時，曾在朋友家的後院玩耍。我極度渴望別人會喜歡我，因而竭盡所能的參與活動。有位大哥哥慫恿我們拿番茄汁來捉弄雙胞胎，讓他們以爲我們流血了。計畫是這樣的：我們會故意撞到他們，然後摔得四腳朝天，接著責怪他們讓我們血流滿地。計畫進行得非常順利，搞得雙胞胎一頭霧水卻情緒激動。這位大哥哥把我捧成了英雄。但是我很討厭自己這麼做。

伍爾沃斯超市[7]裡有熟食區櫃檯。爲了訓練克里西的生活技能，媽媽要他去買一些肉。

「嗨，」克里西充滿自信地向櫃台後方的女孩說著：「我要買一打雞的陰道。」

這是《蓋酷家庭》的臺詞。

女孩聽完後就安靜地請超市的經理過來處理。

還有一次，我們到派對商店裡買一大堆氣球。克里西抓了一個假的橡膠玩具屁

7 Woolworths，伍爾沃斯超市是澳洲最大的連鎖超市之一。

股就朝櫃檯走去。

「嗨，」克里西一面傻笑，一面對著站在櫃台後方的女孩說：「這個舊屁股裂了一條縫，我可以換個新屁股嗎？」

這也是《蓋酷家庭》的台詞。

我在女孩找經理來處理之前，就把克里西抓了回來。

說來奇怪，這樣的情況對我來說都是很正常的。

當我跟別人提起這對兄弟時，即使每個人的反應都不大一樣，可是卻都會不約而同地對我深表同情。

「喔，」他們都會說：「想必你爸媽一定很辛苦吧。」

沒錯，眞是該死的辛苦。他們必須做出一些困難的決定，而且我覺得他們培養出兩位優秀的年輕人。

我花了很長的時間才理解到我的弟弟跟別人不一樣。年幼時，我以爲自己生在一個正常的家庭：三個小孩、一對父母、一隻貓和一隻狗，是完美的典範。

等到我十二、三歲的時候，一件神祕的事情發生了。我的身體開始快速長出一堆毛髮，聲音開始變得沙啞，而且變得超級容易意識到身旁的世界。我以前總是希望別人會喜歡我，因此總是很在意別人的眼光；但是現在我的世界變大了，我也突然理解到這對雙胞胎是如此的不同。我們不能拍全家福照片，我們不能去度假冒險，我們不能嘗試新餐廳或新食物。我們家奉行一套固定不變的生活作息，率性而爲不僅是褻瀆不敬，而且幾乎確定會發生讓人想哭的悲劇。

打理這樣的環境，同時還要撫養**另外一個**神經質的小伙子，你可以想像一下這是什麼樣的處境。可是在這樣的艱困狀況下，我的父母卻處理得很棒。他們對我付出了極大的心力，我從未在任何情況下被拒絕。然而，對於我的家庭而言，許多事情就是絕對做不到。進入青春期的我，開始怨恨起家裡不同於平常的一切。

長大後才知道，不管有沒有亞斯伯格症的家人，在青春成長過程中出現這種怨恨情緒是很正常的。每個人都認爲自己的家庭就算很棒，也不過像是穿襪子踩夾腳拖鞋一樣；同時，每個人都覺得自己的家人是世上最野蠻的野蠻人。

然而，只有手足之情可以召喚起跟怨恨一樣強烈且忠誠的寶貴情感。我對雷也懷著這樣的感情。霸凌者欺負我是一回事，但是取笑像雷這樣毫無抵抗能力的人眞的很可惡。

這並不是說雷處處都需要人保護。雷可以將《王牌大賤諜》（*Austin Powers*）[8]的每一句台詞倒背如流。等到八年級結業的時候，雷的才華已經受到了眾人讚揚，他的幽默感甚至也感化了卡麥隆。

現在我們應該回到卡麥隆身上了。

「我可以像折樹枝一樣把你折斷！」他朝我大吼。

「唷，你是可以沒錯。」我在他緊抓不放的魔爪下還回嘴說道。以卡麥隆的聰明才智來看，他頓時被我的回應難住了。那不像是我該說的話。我應該要奮勇抵抗，以刺激他繼續進攻，或者應該在肢體上做出反擊，好讓他藉機把我痛毆成肉餅，以便展示自己的男子氣概。我替他感到可悲，他沒有料到我會表現得像個膽小鬼。他流露出一頭困惑野獸般的表情，茫然不知所措的他也就放了我一馬。

才上中學一周，情況就糟透了。

當我跌跌撞撞地從小學莫名其妙地畢業之後，便從一個自己熟悉的世界，進到另一個充滿刻板印象的地方。我覺得自己就像是進入了一個卡通世界：有帶著起司的亞斯伯格症小孩、頭髮直豎的小惡霸和胖跟班、人見人愛的南非小帥哥、一群女生會固定在中午一起練舞，而且會彼此酸言酸語、一群男生爲了要**酷**，不紮襯衫，而且拒絕戴校帽。只教了一年書而不知所措的老師會強忍淚水來面對青少年的粗暴無禮，有經驗且會趁著下課抽根菸的老師則是痛恨每一個學生。

在這亂糟糟的處境之中，我究竟是怎樣的一個人呢？

我膽小到不敢不紮襯衫。我害怕到不敢不參加女生的例行練舞。我太像澳洲人而當不了帥氣的南非小帥哥。

我討厭這個樣子，但是我眞的不想討厭自己這個樣子。我想要變得穩重、冷靜而且充滿自信。不斷抱怨、發牢騷其實一點幫助也沒有。這裡是中學，是成長必經的過程，我需要學著好好過中學生活，畢竟這是我成爲男人的機會，我也想讓我的

8　一九九七年的美國賣座動作喜劇片，爾後在一九九九年和二〇〇二年推出續集。

家人知道，我已經做好準備要成爲獨立自主的年輕人。

因此，每天下午媽媽來接我的時候，當她問到我當天過得如何，我總是會說：「很好啊。」我的話會讓媽媽放下心來，接著她就會跟我說自己當天的生活。我不想照實跟媽媽提起卡麥隆或是我自己的強烈疏離感，畢竟她要處理的事情已經夠多了。

同時，我的家庭也在改變。那時我們住在距離市區十五分鐘的地方，過了馬路到對面就是我以前就讀的迷你小學。安迪和克里西還在那裡就學，爸爸也還在那裡教書。媽媽則經常要留在市區工作。自從我上了中學，媽媽和我就必須天天開車進市區（有一段時間，我試過搭公車上學，來回都要經歷煙霧瀰漫和喧鬧吵雜的四十五分鐘，等於每天要多花兩個小時的通勤時間，而且也讓卡麥隆有更多機會叫我娘娘腔，我只好央求媽媽開車載我上下學）。家人的短暫離別——我和媽媽在市區，爸爸和弟弟在家中——爲家裡帶來了一些壓力。

重要的是，弟弟們再過兩年就要升中學了。他們該如何度過青春期？他們可以去哪裡？住家旁邊的迷你小學是他們的最佳選擇，可是這附近卻連半間中學也沒有。這意味著變動即將來臨，而這變動可以說是亞斯伯格患者的敵人。他們要怎麼熬過滿是課程、師長和小惡霸的混亂場面呢？

爸媽的婚姻出現了些小摩擦，媽媽會告訴我她的擔憂：爸爸覺得跟媽媽疏遠了，而媽媽覺得家人不夠體恤她。雖然我試著給些意見，但是我卻無法了解大人的問題的眞正癥結。爸媽兩個人沮喪地處理自己的生活戰爭，媽媽在那些日子裡更是時常哭泣。我從媽媽的身上看到了自己也有的脆弱之處，那是一種絕望心痛的寂寞。媽媽幾乎沒有朋友可以訴苦，孩子和丈夫是她唯一的親人，她在大兒子身上找到了慰藉，而我試著盡可能地支持她。

在卡麥隆欺負我的那個晚上，我渾身顫抖地上床睡覺，只要想到隔天要去學校就噁心到想吐。我躲過了他這次的拳頭，但是我很確定下一次不會這麼幸運。儘管我在午餐時間會躲進圖書館，可是我在課堂上是避不開卡麥隆的。

躺在床上的時候，我的腦海裡還不斷浮現另外一件煩心的事。

在中學裡，我是個怎麼樣的人？

在小學裡，我是個有一群朋友的友善小孩。

在中學裡，我是個整天活在絕望恐懼中的孤僻傢伙。

無聲的淚珠不久就成了大聲啜泣，聲音大到驚動了爸爸媽媽。

「你怎麼了，小子？」爸爸問道。

我試著要馬上編出謊話。嗯……因爲《六人行》裡的瑞秋（Rachel）和羅斯（Ross）老是處不好？

嗯嗯……

可是我從來沒有因爲電視節目而哭出來過。

巴勒斯坦？

但是我壓根兒不知道巴勒斯坦到底是怎麼一回事。

我編不出謊話，只能從實招來。

「我討厭現在的學校。」我啜泣著說道。

媽媽和爸爸抱住了我。

「嘿，」爸爸說：「你怎麼一直跟我們說自己很好呢？」

「你應該早點告訴我們這些事情的。」媽媽接著說道。

我覺得糟透了，我讓爸媽有了不必要的擔心。我爲什麼就是不能堅強一點呢？

隔天，媽媽爲了自己跟我訴說婚姻問題而向我道歉。我向她保證沒關係，**起碼**

我想知道爸媽是如何走上離婚一途（當時我是這麼看待他們的婚姻的）。就是因爲這樣，媽媽繼續告訴我所有我根本就聽不懂的事情。

那個時候我很清楚，現在則是更加明瞭，媽媽是要確保我受到的關愛或呵護不會比弟弟們少。去上私立學校、穿上嶄新制服以及開車接送我上下學——這一切都是爸媽在能力許可下給我的。他們要確保我不會因爲那對雙胞胎而錯失了什麼。

最要不得的是，媽媽犯了一個所有青少年聽到都會膽戰心驚的錯：她介入了學校內部的社交平衡關係。在老師眼中，我原先是個老是跟雷混在一起的安靜怪胎。然而，在我哭完隔天的一通緊急電話之下，我很快就變成了一個不快樂的安靜怪胎，一個急需幫助的超級軟腳蝦。

等到開朝會的時候，只上過一堂課的英文老師來找我，我才知道媽媽聯絡了學校。

「你要加入辯論隊，」她說得好像是N年前就決定好了似的：「記得午餐時間來參加聚會。」

我嚇到腦筋一片空白，不過我還是去了。有位老師給了我很好的指導。

這位老師就是寇茲夫人，她從此改變了我的一生。

02 大笨蛋 Smeghead

寇茲夫人超讚的，而且超級火辣，活脫脫就是十三歲青少年眼中的年輕麻辣鮮師。她是英文和戲劇課的老師，也是很好的服裝設計師，常穿著一身色彩繽紛的大膽服飾到學校上課，像是無袖上衣、有著搖滾音樂標誌的襯衫、和引人注目的鞋子或靴子，這很快就讓她與其他老師之間有了麻煩。不過，因為她的離經叛道，學生們反而非常尊敬她。

我遵照寇茲夫人的指示，在午餐時間到教室跟她見面。她一看到我進門就溫暖地笑了起來，嘴唇上的紅色口紅更是顯得閃閃發亮。

「大衛，」她說著：「快進來，你認識賽門嗎？」

她邊說邊用手指著在房間另外一側的男孩。賽門的身材結實，有一頭金色短髮，看起來四肢發達，完全不像是會參加辯論隊的人。

「哈囉。」他充滿自信地跟我打招呼。

「嗨。」我回應。

「是這樣的，」寇茲夫人開始說話：「學校需要一支辯論隊。我們每個星期要定期聚會，一起寫講稿，然後大約每個月會有一場辯論。你們各自在我不同的英文課上班，我覺得你們會很出色。」

喔，天啊！我一直希望自己不要在學校過於招搖，所以一點也不想做會讓自己出風頭的事，尤其是不想跟像賽門這種四肢發達的小子一起活動。反正他看起來也不是會對辯論有興趣的人。

「各位先生、女士，晚安，」我幻想他對著全年級的學生這樣說道：「我們今天要辯論的題目是：大衛・伯頓是同性戀或者根本就是女生？作爲第一位發言人，我的論點是，他很有可能兩者皆是，學校應該要儘快把他隔離起來。」

我眨了眨眼，好讓自己回到現實。

「可是我們的活動現在還不能開始進行，」寇茲夫人繼續說著：「我們至少需要三個人。所以，你們第一周的作業就是找到第三位辯論隊員。我相信你們可以的。」

我想找雷來當辯論隊員，但是我實在無法想像他會對《神奇寶貝》和起司以外的東西有興趣。我不知道還可以找誰，只覺得一切會是一場災難。

「可以嗎？」寇茲夫人問賽門。

我朝他看過去。這是我第一次注意到他拿著一本格子筆記本和昂貴的數學繪圖用計算機，這東西是我們再過幾年才需要買的。或許我看錯這個人了，也許他比我想像中更書呆子一些。

「好啊。」他回答。

接著，寇茲夫人美麗的藍眼睛就朝我這邊看過來。

「大衛，你也沒有問題，對吧？」

我就只能嚥下口水然後笑笑，畢竟我不能讓她失望。

「沒有，」我說：「當然沒問題囉。」

中學的科目都好奇怪。我最感困惑的科目莫過於手工藝課——滿是刀片和自動強力器械的教室，竟然是安頓精力旺盛的青少年的完美場所。

卡麥隆異常地精通手工藝，可以在菸灰缸側邊燒綴上一根完美的陽具；我做出來的菸灰缸卻是連盛裝菸灰這個基本標準也達不到，什麼也裝不了，看起來就只是一塊被敲彎的廢金屬。

工藝課的下一個作業是門擋，但最後卻成了一場災難。我看著自己做出來的可悲門擋，被教室的門毫不費力的推動，而且門猛然關上後還將它折成了兩半。這個可憐的東西一點希望也沒有。當然，卡麥隆目睹了全程並鼓掌喝彩。我不禁幻想著，卡麥隆就是那扇門，我則是那塊畸形無用的門擋，即將在暴力之下被悽慘地硬生生折斷。

不只這樣，在做木工的時候還發生了流血事件。我鑿木塊鑿得太過興奮了，深紅色的血滴濺在木頭上，讓我不得不停下來。

我舉起雙手察看，右手都是血。

「你割到自己了？」

這句問話來自桌子另一頭的女孩，瑪莉。

全校都知道瑪莉沉默寡言。瑪莉是位滿面愁容的圓臉女孩，會把襯衫紮在裙子裡，並把裙頭拉到腰部以上來遮掩稍胖的腰身。她的棕色短髮蓋住了有雀斑的臉與雙眼，銅鈴般的大眼總是透露出無比的恐懼。去年學校開學，當校長熱切地歡迎大家時，她卻站在教室後面哭泣。我從那時起就遠遠地觀察她。當時的我們都是尚未被汙染而且不斷發抖的十二歲小孩，還沒有套上制服、也還不懂弱肉強食的社會階級觀念。只見瑪莉就站在後面望向前方，她一動也不動，只是任由眼淚緩緩地滑下臉龐。

幾個月之後，她不再流淚了，可是仍舊害怕而且保持沉默。我們是在學校的社會階級運作下有了交集的，從此沉默地分享木工廠的一張課桌。

這是我第一次聽到她開口說話。她的聲調柔軟，充滿關切。我很驚訝地看著她。

「你割到自己了？」她又問了一次。

「嗯，沒有吧。我想沒有。我不知道。」

然後，瑪莉指了指我的胸口，正是我的心臟部位。接著她就笑了。我從沒見過她笑。在一種超現實的迷幻裡，我低頭看看自己的襯衫，只見胸口口袋有一攤紅墨水正擴散開來。我馬上意識到發生了什麼事，口袋裡的紅筆正在漏水。筆是卡麥隆在教室外頭給我的，他堅持要我帶著，不然就要揮拳揍我的小雞雞。我當時沒有多想就立刻把筆放進口袋。

我對瑪莉笑了起來。

我就這樣找到了最好的朋友。

瑪莉後來參加了辯論隊，賽門則一個人也沒找到。寇茲夫人很高興瑪莉可以加入我們的行列。

沉浸在寇茲夫人溫煦和正向的教導之下，瑪莉變得越來越有自信，我也是如此。每周一次與寇茲夫人的午餐聚會，我發現自己得以從教室和午餐時間的驚恐中獲得美好的解脫。

再者，我喜歡辯論：透過講述明確論點，讓觀眾發笑並轉而支持自己的說法。我在其中可謂如魚得水，這也儼然成爲我中學生涯中最棒的部分。

我對賽門的第一印象可說是大錯特錯。四肢發達不是用來形容賽門的正確字眼；他是個堅強果決的人，雖然穿著燙得一絲不苟的制服，但看起來挺自在的，一頭短髮似乎也永遠保持著乾淨俐落。賽門把中學生活當成當兵一樣來過，他就是要成功。

賽門天資聰穎，眞的很聰明，而他的聰明之處是我根本學不來的。我們在那年一起上數學課。我對數學一竅不通，不過這卻是賽門的拿手科目。他非常樂意教我數學，爲我講解做錯的地方；然而，這樣的情況在英文科就逆轉了，我也很樂意教他英文的名詞、動詞和字裡行間的弦外之音。

自信的賽門卻是獨來獨往的人。我們可說是南轅北轍，一個是搞科學的傢伙，另一個卻是藝術家。要不是學校的關係，我們是不可能成爲朋友的，但是令人沮喪的學校生活卻把我們聚在一塊，我們成了好夥伴。瑪莉加入之後，我們正式成了「神勇三蛟龍」[9]。

隨著我們的友誼逐漸增長，學校生活慢慢變得容易一些，當然這也是拜學年接近尾聲所賜。由於卡麥隆把某人打到流鼻血，學校老師還在他的背包裡搜到大麻，所以他被退學了，我再也沒有見過他。

如此過了一年之後，我似乎終於可以回答「我究竟是誰」這個在剛進中學時深深困擾我的問題。我是有兩個朋友的辯論小子、我們共同屬於「那個」團體、我們會利用大部分的午餐時間去圖書館、我和賽門會交換電腦雜誌、我和瑪莉會背誦和演出英國喜劇小品。說穿了，我們是不折不扣的書呆子，可是我們眞的不在乎，畢竟天底下最棒的人就是書呆子。

擁有新生活圈是要付出代價的。儘管我與雷仍然還是好朋友，他偶爾也會跟我們一起吃午餐，可是他很難溝通，甚至會有無心但粗魯的表現。雷就這樣漸漸不在我的生活重心裡。

「那是什麼？」雷的口氣充滿厭惡，他看著媽媽爲我做的火腿三明治問道。

我聳聳肩。「就是火腿啊。」我說。

「沒有起司？」

起司是雷在這世界上最喜歡的東西。雷所擁有的就是起司、《神奇寶貝》、《王牌大賤諜》，這就是他的整個世界。

9 作者在此挪用了美國一九八六年的西部喜劇《神勇三蛟龍》（*Three Amigos*）的片名。

我搖搖頭。「沒有，沒有起司。」

「你是白癡。」

他可不是在說笑，這是他清楚而嚴肅的指控。他眞的覺得我是一個白癡，甚至是在羞辱媽媽沒有在三明治裡放起司。

賽門猛然打了雷的後腦勺。「誰問你的意見了？」

「嘿！」就在賽門嘲笑他的時候，雷大喊一聲。

儘管我知道那一掌會很痛，我卻也忍不住笑了。

「眞是個愚蠢的討厭鬼，」賽門說道。「你到底是怎樣的一個怪人？又不是每個人都要喜歡起司。」

雷沉默不語，我知道他受傷了。如果只有我和雷單獨在一起，我會試著跟他解釋，說別人是白癡可能是不太好的；不過，有個朋友爲我挺身而出的感覺眞好。

「對啊，超級怪的。」我說道。

自私的我相信，自己的生活裡已經忍受了夠多的亞斯伯格症患者。午餐時間，我們經常就上演著賽門辱罵雷要他閉嘴的戲碼。

我從來沒有爲雷挺身而出，以至於到了某個時候，他不再跟我們混在一起，我們也沒有去找他。

有了賽門和瑪莉，我的生活也跟著光明起來。爸媽並沒有眞的走上離婚這條路，兩人的緊張關係似乎也隨著這學年的塵埃落定而趨緩。而當爸媽還是得經常與沮喪奮戰之際，我則專注於其他事情。

我和瑪莉一同發現了《哈利波特》；和生命裡發生的大事相比，這件事的重要程度就跟**你的出生**差不多。午餐時間，我們經常會衝去圖書館，鑽研最新一集小說裡哈利的冒險，以及猜測續集的情節會怎麼發展，我們也會仔細討論《星際大戰》（*Star Wars*）、《銀河便車指南》（*Hitchhiker's Guide to the Galaxy*）、《碟形世界》（*Discworld*）和《時空博士》（*Doctor Who*）。我們眞是一對性情相投的書呆子。

只有重新探索青春期的故事，並且找回自己對它們的狂熱時，我才會想要再當一次青少年。那時的我其實沒有意識到一件事，那就是自己儼然加入了從七〇年代就存在的一種青少年兄弟會。我們是一群不善社交、不擅運動，但卻格外聰明的青少年。瘦弱笨拙、對未來充滿著不確定感的我們，注定要牢抓虛構世界的閃亮美好來作爲救生索。這樣的世界就是救生索，讓內向的人得以逃離這個宛如在向自己宣戰的現實世界。殘酷的學校肯定是個性格活潑的學生，而把心思細膩的內向學生丟入小組活動，讓他們在集體管理中吃盡苦頭。與生俱來的外向人在運動場域找到了自由，相對的，我和瑪莉則在腦海裡尋獲了個人天地，裡頭有著豐饒的世界、充滿無窮機智與想像，還有令人心碎的虛幻，因爲我們衷心渴望一切可以成眞。我們多希望可以逃離到一個遙遠的星球上啊！這樣的集體想像，是我能夠想到的最偉大的浪漫壯舉。

與此同時，賽門也會教我下西洋棋，但他的動機來自於他總是會贏。我們許多的對話都是建立在彼此的競爭之上，在政治上更是激烈的對手：賽門的家庭是堅貞的保守派，他對我家所崇尚的自由主義存疑。瑪莉則是冷眼看著我和賽門爭辯澳洲的移民政策。

「他們是來破壞我們國家的！」賽門會吼著這麼說。

「他們是爲了遠離自己被毀壞的國家，才會來到這裡！」被他的冷酷無情激怒的我，也會大聲回話。

「你就是會相信這種催淚故事。」

「你才是沒血沒淚呢。」

倘若我們對這個世界少點興趣，一切就會容易多了，我們就不會經常在腳踏車棚後面相互廝殺，來爭奪男性主導者的位置。

我時常納悶我們成爲朋友的機緣。我們的關係實在很奇特。

雖然賽門和瑪莉的友誼使得中學生活不再那麼難以忍耐，但是我還是企盼獲得其他同儕的接納，特別是希望能夠受到幾個比較漂亮的女孩的青睞。可是她們似乎從來不曾注意到我，而且真的是一次也沒有。平心而論，假如有人會躲在圖書館玩交換哈利波特卡片的遊戲，還會一邊大聲喊出澳洲前外交部長亞歷山大・唐納（Alexander Downer）說穿了就是個恐怖分子，這樣的人是很難被注意到的。

只要有個女孩對我微笑，就會讓我感到暈眩。而最讓我招架不住的，就是那些名字彷彿來自童話電影裡的女孩。

克莉絲汀・潘妮沃斯很活潑，而且很和善，她讓我心情像唱歌般愉悅，而且會一直發出聲音干擾別人。髮色與名字很速配的丹妮兒・蘿森，她讓足球隊的男孩排隊追求她，男孩們會在她面前極力賣弄，她則在一旁咯咯地笑。

我需要能夠吸引她們目光的東西，怎麼樣的目光都好。我想讓她們知道我也很有趣聰明，我不想當整個中學生涯都沒有人注意到的安靜書呆子。

我需要上戲劇課。

中學的第一學年並沒有戲劇課，所以我在第二年時選修。寇茲夫人是學校戲劇科的主任，當第一年的英文課結束之後，她特地留我下來問話。

「你明年會選修我的戲劇課，對吧？」她問。

「當然！」我回答。我感到欣喜異常，能夠與寇茲夫人有更多的相處時間，再好不過了。

這樣想的學生不是只有我一個。雖然寇茲夫人才剛到學校任教，可是在她的帶領下，選修戲劇課的學生人數絕對有爆炸性的成長。

第一天。第一堂課。課程內容是劇場運動，也就是你要跑進一個空間，然後馬上演出一小段戲。很快你會覺得害羞，可是一旦你克服這點，馬上就能進入表演情境，一切會變得相當容易，而且娛樂性十足。

我每一天都感到羞赧。我會被逼到牆角、被人叫娘娘腔，並且成爲無數人唾棄的目標——但再多一件會被人羞辱的事情，又有什麼大不了的呢？

帶著這種振奮人心的想法，當班上的兩個同學開始演戲的時候，我在一旁等著：就在全班期待他們展現逗趣演技的時候，感到羞怯的他們不斷咯咯傻笑。

「嗨，嗯……菲爾……」其中一位女孩說道，接著就不可抑制地放聲大笑。

「菲爾」能做的就是跟著傻笑。

不知何故，菲爾竟然成了大家聽過最好笑的名字。

「專心演！」在教室後方的寇茲夫人高聲說著：「想辦法替這場戲加入一些東西。」

「菲爾」終於暫時止住笑，喃喃說道：「……妳有看到那隻貓嗎？」

是的。

那就是輪到我上場的暗示。

我雙手雙膝著地趴下，緩慢進場，全班看到後爆出了一陣哄堂大笑，接著我坐在地上舔自己的手，假裝整理自己。

自從進入中學以來，這是同學首次對我投以尊敬的眼神。當我噘起嘴唇，並將屁股翹在空中之際，我可以感到自己的內心澎湃了起來。從那一天開始，我在他人的眼中已經有所不同，更因此讓自己在學校的社會階級地位大幅竄升。

我和大家一樣感到驚訝。

戲劇課的每一場戲，我都看著自己變得更強大或更令人吃驚。我很有趣，而且無法捉摸。我勇於嘗試，而這是其他許多同學覺得害怕而做不到的。我不再是娘砲書呆大衛，我已經變身爲演戲狂大衛，這是我自己擅長且受歡迎的角色。過沒多久，這個角色不僅在戲劇課上出現，還進入了我社交生活的每個層面。

現在每件事情都變成了一場表演。從前的我在運動場上是完全失落的，通常就是坐在一旁試著不要引人注意。現在的我則把運動當成另外一場演出機會。

被迫下場踢足球嗎？我會裝出不適當且帶有種族歧視的墨西哥腔調，滿場奔跑並評斷場上的動作。

被人叫娘娘腔嗎？我會故意口齒不清地用蘭花指跟那個膽敢玩弄我的白癡調情。

從那刻開始，我已經是個不一樣的人。我突然擁有了度過每一天的力氣。我堅信這是我學到，並且希望與他人分享的寶貴一課。

在學校裡，瑪莉依舊被人排擠。某天她度過了一個相當焦慮不安的下午，一群女孩惡意攻擊她的體重。

「這種事很容易面對啊，」擁有新的生存策略的我傲慢地說：「不要做妳自己，假裝妳是別人就好了。妳就當成在別人面前演戲，這就是唯一可以生存下來的方法。」

瑪莉點了點頭，黯然接受。

這實在是有史以來最糟的建議。

03 游泳嘉年華 The Swimming Carnival

新年前夕，賽門、瑪莉和我決定以典型怪咖的方式熬夜看《紅矮星號》[10]的馬拉松播放。看完雖然精疲力盡，卻很愉快，而且這一次是我罕有的珍貴記憶，自己在家裡居然表現得像一個正常的青少年。

我們家很少有訪客，部分原因要歸咎於雙胞胎，但同時也因爲我的害羞使然。在讀中學的時候，我很少邀請朋友到家裡玩。不過，我跟瑪莉相處很自在，她一下子就能了解我家的怪異情況，既不會鄙視雙胞胎的古怪行爲，也不會在乎凌亂的廚房、屋前堆疊的狗屎、經常被小狗撒尿而有騷味的走廊地毯、或者是堆了一大疊布料而幾乎進不去的縫紉間。

瑪莉的家有著類似的古怪跡象，這也是我之所以會感到賓至如歸的原因。她的繼父在她房間的一面牆上畫了一頭畸形馬匹，屋裡的不同角落也到處堆放著雜誌和箱子。

當瑪莉首次帶我參觀她家的時候，她都不願與我四目相交。

我試著讓她安心。「妳家眞的很棒啊！」我說道。

她聽完後只是聳聳肩。「我想還可以吧。」

我坐在她的床上，看著牆上的馬。「我眞不敢相信妳的繼父自己畫了這整幅畫。」

「對呀。」她笑著說。

「妳跟他還處得來吧？」

「嗯，他人不錯。」

我突然意識到自己對於瑪莉的家人所知甚少。

「他跟妳媽是從什麼時候開始在一起的？」我問道。

「大概是五年前。」她回道。她的目光又開始往下游移了。她不斷摳著自己的指甲，指甲上都是在前一堂無聊的宗教課上沾到的膠水。她總是這樣。我知道她有

10 Red Dawrf，英國BBC製播的古怪科幻情境喜劇。

心事，但不知道是不是我碰觸到了敏感的問題。

她接著抬起頭來，說：「他們是在沃爾什之家認識的。」

我感到驚訝。「眞的嗎？」我問：「是那家精神療養院嗎？」

她點了點頭。「是眞的。他是那裡的病人，我媽是那裡的護士。她後來就逼療養院提早讓他出院，說自己會照顧他。他們倆很快就相愛了，可以說是一大醜聞呢。」

「眞令人吃驚。」

瑪莉聽著就笑了。我的腦袋裡充滿了問號。正當我要開口問她的時候，我們聽到前門打開的聲音。

「瑪莉？」從客廳傳來呼喚聲。

瑪莉的母親回家了。在那一瞬間，我可以看到瑪莉的舉止有了變化。她又低下了頭，口中嘆氣，也更用力地摳指甲。

當天我回家之後，興奮地跟我媽提起了瑪莉母親的精神病院婚姻故事。

「有沒有很讓人驚訝？」我倒抽一口氣。

媽媽立即質疑：「你確定嗎？」

「是瑪莉告訴我的。」

她眯起了眼睛，不太相信。

媽媽的動作總是很快。不到幾天，掛上電話的她露出勝利的神色。我把電視上正在播映的《超時空博士》轉成靜音，想知道她到底在高興什麼。

「我剛跟瑪莉的媽媽通話，」她說：「那個故事是假的。他們夫妻不是在療養院遇見對方，他們是因爲工作而認識的。」

噢，我的天啊。

「妳問了瑪莉的媽媽？」

媽媽點了點頭，對自己所做的事感到得意。

「媽，妳難道不會覺得她可能是因爲不好意思而不願意告訴妳嗎？那種事應該是家庭祕密吧？」

「如果眞的是家庭祕密，瑪莉怎麼會說出來？聽起來就是瑪莉編了故事來引人注意。」

我覺得媽媽的想法可能是對的，但我沒有讓她看出來。她這種管別人家閒事的行爲，讓我想找個地洞鑽進去。現在整件事似乎顯得有些荒謬了。

可是瑪莉爲什麼要撒謊呢？

隔天到了學校，我和賽門在吃午餐，瑪莉在一旁看書，我盡量謹慎小心的問她。

「是這樣的，妳絕對想不到我媽昨天做了什麼，」我開始說：「她打電話問妳媽關於妳父母認識的經過。」

瑪莉的臉馬上紅了，眼睛瞪得大大的，而且很驚恐的樣子。

我繼續說：「妳媽說整件事都是編出來的。」

瑪莉愣了一會兒後，笑了起來，笑聲有點刺耳。「**當然**是編的，」她說：「我只是胡亂瞎掰的。」

雖然我也跟著笑了，但心裡卻感到很困惑。整件事就只是個怪異的笑話嗎？我開始拋出更多疑問，可是瑪莉都只以笑聲作爲回應。在這件事情之後，每當我提議要到她家去玩，她就會以父母要她念書作爲推諉的藉口。後來我就不曾再去過她家了。

我倒是常常去賽門的家，他家可說是受到嚴格控管。每個空間都很乾淨整齊。他們家連睡覺的時間都有規定，傍晚時也必須禱告。賽門的父親是個陰森而且有威嚴的人，他禁止賽門收看任何「不正當的」電視節目，像是《酷男的異想世界》[11]和其他「淫穢」的節目。

《酷男的異想世界》是一群男同志改造一個不重視打扮的異性戀男子的實境秀。我和爸媽都認為這個節目很有趣。

「這節目噁心死了。」當我推薦賽門看時，他是這麼反應的。我很確定他壓根沒有看過。

倘若不是賽門指出來，並數落我家的混亂情況，我也不會注意到我家和賽門家有什麼差異。

「你們家到底有沒有在清理廚房？」他問我。

「有啊，當然有啊。」

「可是看起來不像有清理過的樣子。」

我環顧四周，用賽門的眼光來審視我們家的廚房。確實到處都是東西。一個工

11 *Queer Eye for the Straight Guy*，美國生活頻道的真人實境秀節目，每集都會找一位比較不修邊幅的異性戀男性來上節目，並由五位在時尚方面各有專長的同志主持人來改造他，增加魅力。

業用大小的花生醬桶就放在板凳上、一大疊的帳單和文件、寵物罐頭、一個擺滿新鮮程度不同的蘋果、香蕉和梨子的水果盤。

「是啊，」我囁嚅著：「你說的沒錯，眞是對不起。」

我家眞的太亂了。青春期的我對家人的怨恨不斷增加，現在那份怨恨清單又加上了一條賽門的抱怨。

「神勇三蛟龍」是注定不會有男女朋友的。演戲狂大衛爲人有趣——長得可愛但是不帥。賽門和瑪莉似乎並不因爲沒有男女朋友而感到困擾，我則是整天嚷著要交個女朋友，而且覺得自己好像浪費太多生命在期待有個女朋友這件事上頭。我的腦袋裡充滿崇高偉大的想像。我要的是浪漫的靈魂伴侶，可以與我分享內心的想法的人，對方也會讓我相信我們之間不需要演戲或者相互競爭，我可以與這個人自在地相處。我想像著自己找到了一個人來分擔祕密的重擔：我最害怕的就是學校裡沒有人喜歡我；或者，因爲我的家庭並不普通，我可能也是個不合常規的人，所以我想要一個即便知道這些也還愛我的人。

開始上戲劇課到現在幾乎快要兩年了。時時刻刻扮演著演戲狂大衛眞是讓人精疲力竭。假如我可以找到這個美好的對象，那我的生活就會變得更好了。

此外，你也知道的，我很渴望性。這件事之後會再說明。

因此，我開始尋求這個在某處等待著我的神祕靈魂伴侶。

克莉絲汀．潘妮沃斯可能就是那個人，她總是微笑著，而且那麼聰明、善良和有趣。

是的，我應該要約克莉絲汀出來。

我花了許多午餐時間跟賽門還有瑪莉共商大計，試著讓自己鼓起勇氣。

「好的，就這樣做，」我這麼說：「我現在就走過去約她。就是現在。」

賽門聳了聳肩，就著杯緣喝了幾口可樂。「好啊。」

「妳覺得呢？」

瑪莉抬起頭，張大眼睛凝視著我。她在學校不太吃東西，午餐時間就只是在大腿上放著一本書坐在一旁。「如果你眞的想那麼做的話，當然好啊。」

「還是我應該寫張紙條約她？我下午會跟她一起上英文課，我可以傳紙條……」

這樣做就會比較容易嗎？我說服自己，在這個階段，克莉絲汀就是我的眞命天女。我們是天造地設的一對。我幻想著我們的婚姻、小孩和寬廣明亮的未來。她會在夜晚擁抱著我低語：「一切都會沒事的。」

現在的我回想起這件事，感到奇怪的部分在於，當時的我只幻想著擁抱對方。我不知道是因爲自己那時看的A片還不夠，還是因爲對性的理解不足，所以不知道還可以做其他事情。我只知道自己充滿欲望，但那時我幻想得到的就是被人慰藉與擁抱。

就這樣做夢和計畫了幾個星期之後，我終於在游泳嘉年華時開口約克莉絲汀。爲什麼是那個時候？我也說不出個所以然來。

你知道的，游泳嘉年華眞的不是個好時機。我對游泳從來就不在行，而且一切更在我讀小學的時候分崩離析。當時，費盡力氣，我終於完成了可悲的二十五公尺競賽，我是最後一名，在所有人的耐心等候下抵達終點。而賽後，在更衣室裡，當我要換穿衣服時，男同學拿走了我的衣服，並用毛巾抽打光溜溜的我。

中學生活勾起了過往那些似曾相識的回憶。穿著四角泳褲、暴露自己蒼白瘦弱的身軀、在全校面前跳入冰冷的水裡掙扎著游完五十公尺，我實在想不到有比這更糟的事。我幻想著可愛的克莉絲汀，在那裡笑看我像隻酒醉的鴕鳥般在水中四處拍打。

在游泳嘉年華即將到來的幾個星期中，我變得越來越緊張。學校的體育組長是身材嬌小、皮膚曬得黝黑、而且令人害怕的達琳太太。這位女士會在周會時要求全員參與，不照著做就意味著要留校察看，而且是由她親自監督。光是想到要跟達琳太太同處一室，我就無法呼吸。

也因此，每個人都必須參加嘉年華，至少得參加一個項目。五十公尺自由式就是我要參加的。

「這會很好玩的。」賽門說道。

好玩?!達琳太太顯然並不這麼認爲。老天爺也不容許我們眞的在嘉年華活動中玩得開心。規定一大堆：不能坐錯交通車、要抹防曬乳、要戴規定款式的帽子、要支持自己的隊伍、要幫夥伴加油。你一定要加油、一定要參加、一定要脫下衣服、一定要潛入水中、一定要試著不要死掉。

整件事把我弄得緊張兮兮的。我忍不住向爸媽抱怨。我不會游泳，我是在澳洲內陸長大的。我只曾經在昆士蘭陽光海岸的海浪中踩過水，但是從來不曾在學游泳時表現出天分或興趣。我的自由式超級自由，自由到毫無形式可言。破水前進的我就像是要溺斃了一樣，而且只要水深一點，這是很有可能發生的事。

「我不懂，」我對爸媽說：「爲什麼要帶著幾百個笨手笨腳的年輕人，強迫他們脫到只剩內褲而在彼此面前游泳？如果現在有人要求你這樣做，已經是大人的你會照辦嗎？」

隔天上戲劇課，我正在假裝自己是會閒扯淡的一棵樹時，擴音器裡傳來了召喚。是達琳太太的聲音。

「請大衛·伯頓到二〇六教室報到。」

我還不曾被人用擴音器找過，全班都一起轉頭看著我。

我試著不要露出害怕的神情，表現得輕鬆自然一點。瑪莉緊抓著我的手臂，就像是害怕我即將要消失在達琳太太的牢獄中一樣。我腦中快速閃過一個念頭，想要大聲說出我對克莉絲汀的愛意，我不知道自己是否還會再見到她。我閉上雙眼，深吸了一口氣，試著說服自己一切都沒問題的。

從戲劇教室到二〇六教室的路好遠。我有想過要逃出學校，但是我知道那樣只會帶來更糟的後果。我幻想達琳太太會拿起量尺，不停地打我。我暗自下定決心，我要冷靜地接受一切，然後再跑去寇茲夫人那裡，給她看我身上的瘀青。這樣一來，達琳太太就會被炒魷魚。克莉絲汀也會認爲我是超級勇敢的人，我們會因此過著幸福快樂的日子。

我敲了敲教室的門。達琳太太正在替一班好動的十二年級男孩上解剖課。教室後頭的一群人正咯咯地笑著。

「提摩西・史坦爾斯！」達琳太太的聲音在教室中四處迴響。「可不可以請你不要再玩愚蠢的玩意兒，回來好好標示子宮在哪？」

「對不起，達琳太太。」提摩西羞澀地喃喃自語。班上所有的學生隨即都專心於自己的功課。

嬌小的達琳太太才剛把一群魁梧的十七歲男孩訓到安靜無聲，她的目光現在則落在我身上。

「你就是大衛嗎？」她問。

我點了點頭。

「到這裡來。」

我從來不曾近距離地看過她。她現在沒有戴太陽眼鏡。過去我只有在周會時才看過在前方大聲發號施令的她。

她再次提高音量對著班上說：「請不要在我跟大衛交談時說話。」有些高年級生盯著我看，我眞想死了算了。這到底是怎麼一回事呀？

達琳太太再次放低了音量，並且注視著我。

「你媽媽打電話給我。」她說。

噢，天啊，天啊，天啊！媽，妳在幹嘛?!

「她向我提及你很害怕游泳比賽。」

我完全吐不出一個字來。只是羞愧得滿臉通紅。

接下來發生了一件非比尋常的事。

達琳太太竟然笑了。

「聽著，我在周會時說了很多話，那是爲了要讓那些懶惰蟲參加比賽，我知道你不是個懶惰的人，所以你可以放心，好嗎？只要在那天參加了游泳比賽，你就不會有問題的。如果你擔心的話，我可以幫你上幾堂課。每星期二放學後還會有交通車接送。」

她是在建議我花更多時間來練習游泳嗎？想都別想。

但是，她並不像之前那樣令人害怕。她傳達的訊息很清楚，那就是我不可能不參加游泳嘉年華的。

「謝謝您。」我終於勉強發出聲音，然後回到班上上課。

我別無選擇。達琳太太現在知道我了。之前，我只不過是個害怕的無名小鬼，現在，我已經變成要媽媽打電話給老師的小男孩。達琳太太在嘉年華那天會尋找我的蹤影，我現在是一定得參加游泳比賽了。

舉辦嘉年華的日子終於到來。我覺得自己快要吐了。

我在游泳池畔首先見到的就是克莉絲汀。她在我隔壁的隊伍，我們就坐著，隔著走道彼此閒聊。她很聰明而且友善，還會幫忙大聲加油。她的頭髮在陽光下閃閃發光，我看得心都要跳了出來。跟她說話讓我暫時忘記即將到來的比賽。瑪莉和賽門的隊伍則是位於看台的另外一端。雖然當天的大部分時間我都無法跟他們說到話，但是這對我來說並不是個問題。到目前爲止，游泳嘉年華比我預期的要來得好。我可以整天坐在克莉絲汀的身旁。

賽門輕鬆地在出發台就位，我爲他喝采。他完美地潛入水中，滑水前進，好像人類不用學，天生就能游泳一樣。他抵達終點，不是第一名，也不是最後一名，他的成績中等，並沒有特別之處。

我羨慕到都要吐了。

我是說眞的，我眞的要吐了，因爲接下來就是我的比賽。

克莉絲汀笑著對我說：「祝你好運。」

「謝謝。」我答道。我在內心祈禱著，她會轉移注意力而沒有看到我在游泳池裡死去。

我站在出發台，拚命地記住如何潛入水中。我的目標就是只要不是最後一名就好。我不要大家等我抵達終點，讓全校看著我蹩腳的泳技。如果我可以做到的話，也就是如果我可以默默地游完一場平庸無奇的比賽，那整件事情很快就會煙消雲散了。

槍聲響起。

我以餐盤摔在水泥地板上的姿勢摔入了水中。

冰冷的感覺流過身軀，令人想打哆嗦，也讓我不再感受到腹部的刺痛感。我的腦袋轉得比我的身體還要快。我試著調整，開始奮力破水前進。我的手臂就像是在鏟土般地划動著，我的雙腿則是機械化地打水前進。我試著記得要換氣。當我的四肢在身體兩旁胡亂地拍濺出水花時，我也咕嚕咕嚕的吃進了好幾口的水。

過沒多久，我的手臂和雙腿開始感到痠痛。我很確定自己已經接近終點了。在換下一口氣時，我試著看看四周，這才赫然發現自己根本還游不到一半，我看到其他人陸陸續續超越了我。

噢，天啊。但事實就是如此吧。

我繼續向前游，游過一半了，游到感覺不到自己的手臂，而且開始眼冒金星。

我必須要停下來，我想自己是游不完了。達琳太太可能得潛入水中把我撈上岸。每個人都會看到這一幕，包括克莉絲汀在內。

我開始感到頭暈。每吸一口氣，似乎都吸入大量的水。我突然停了下來，就這麼站在泳池裡，在距離終點還有十二公尺左右的地方站著，看著最後幾名同學游向終點。

我聽到達琳太太的聲音，她笑著對我吼著：「嘿，再游一會兒，就要到了。」

眼前的金星更加明亮了。我真的停在水裡太久了，場邊的人都開始注意到我。

我再次鑽入水中，像顆彈丸般優雅前進，然後觸碰到泳池的牆壁。

我游完了。

比賽結束了。

可是我覺得自己快要暈過去了。下一場比賽已經開始，只聽見達琳太太大聲吼著要我離開泳池。

當我把自己拉出泳池之後，我無法動彈。感覺十分怪異。

「我想……」我開始說著，但是根本沒有人在聽。我試著要走回自己的座位。

我經過寇茲夫人面前。

「你還好嗎？」

「我想……我看到了星星。」

她嘆了一口氣，搖了搖頭，對我說道：「大衛，你游得很好，別擔心。」

我知道我沒有讓她失望，而是其他事情讓她失望了。

「來這裡坐著，喝點水。我十分鐘後再過來看你。假如你還會看到星星，一定要跟我說。」

我點點頭，坐了下來。我的毛巾像是一條毛毯，包裹著我胸毛濃密且瘦弱的胸膛。突然間，我覺得餓極了，我緊張到已經有二十四小時都沒有進食了。

我拿出袋子裡的一根穀物棒，慢慢地吃著，身體也開始恢復正常。

寇茲夫人回來看我：「好多了嗎？」

「我太久沒有吃東西了。」我笑著回她。

寇茲夫人也笑了起來：「放輕鬆，好嗎？」

我點了點頭。游泳比賽還沒結束。

我游完了，我還活著，而且似乎沒有人在乎我游得那麼慢。我走回自己的座位。克莉絲汀也才剛從小吃部回來。

「你游得怎樣？」她問我。

噢，感謝老天，她根本沒有看我的比賽。

「還好。」我聳了聳肩說道。

槍聲再次響起。克莉絲汀和我一同站起來歡呼喝彩。那是我這一整天發出最眞心的喝彩。

一切都很順利。一切都結束了。

當天接近尾聲之際，我不知道要如何描述自己當時的心境。或許單純是脫離苦海的興奮感作祟，也可能是因爲我跟克莉絲汀講了一整天的話，那時的我覺得我們一同熬過了某個重要的關卡。

我因此開了口。

就在我們整理行裝要離開時，我假裝隨意、裝出「這根本沒什麼」的樣子開口問她。

「妳會不會想要跟我出去約會？」

她嚇了一跳，轉頭看著我，要確定我是不是認眞的。我笑著聳了聳肩。我知道這時如果能說什麼的話，就應該要說點什麼，但是我整天用來逗她笑的蠢笑話，現在都不知道跑哪去了。

「我要想一下。」

我點點頭，卻用彷彿下體被踢到的尖銳聲音對她說：「當然，好啊，妳知道的，怎樣都好。」

隔天，她以超齡的成熟和善良的態度婉拒了我，大概是照著她爸媽擬好的稿子說的。

「我覺得很榮幸，」她說：「但是我想我們應該當朋友就好。」

我愉快地笑著，彷彿整件事都很滑稽有趣。

「沒關係，」我說：「我也只是鬧著玩的。」

演戲狂大衛是不會心碎的。

04 自我毀滅

Self-sabotage

跟克莉絲汀是沒有搞頭了，我已經搞砸了。

我從來沒有親吻過任何人。每次過完生日，我就更加懷疑自己是不是眞有這樣的機會。我十五歲了，已經十五歲了啊，卻還沒有接吻的經驗。我乾脆當個修道士算了。

不過，我的注意力很快就轉移到了別處。我不記得是從什麼時候開始注意到瑪莉的改變。我不認爲那是某個時刻突然發現的，而是緩慢地察覺到的。

瑪莉的手腕上出現了疤痕，如同數學運算般的準確劃記，看起來像是些細小、鮮紅和憤怒的傷痕。

「那是什麼？」我問她。

她隨即把袖子往下拉，蓋住疤痕。「噢，我只是被玫瑰劃到。」

可是幾個星期後，她的手腕上還是有那些疤痕。事實上，那些疤痕看起來都是新的。當我再次詢問她的時候，她就紅著臉轉身走開。她在說謊。我之前親眼目睹過她說謊的樣子。我知道自己已經開始碰觸到某種黑暗，那是我明明早知道它的存在卻無法理解的東西。

瑪莉變得陰沉而難以捉摸。我媽試著用經痛和經前症候群等讓人費解的概念來向我解釋，但我還是丈二金剛摸不著頭腦。我只知道，自己的朋友正在以我無法預測的方式逐漸改變。

當我終於知道那些傷痕是什麼之後，我根本不敢跟別人提起。

那些都是瑪莉自己弄出來的。

我感到困惑，而且害怕極了。

瑪莉信誓旦旦的說，只要我敢跟她的母親、我媽、老師、甚至是賽門提起這件事，她就會自我了斷。她會自殺。

跟我覺得自己會因為游泳嘉年華而羞愧到死的想法是完全不同的。這是真的，我覺得瑪莉不是在開玩笑。

我是唯一知道這件事的人。我開始試著阻止她不要慢性自我毀滅。

在不對的時間說出不對的話，就會讓她帶著削鉛筆機裡的刀片前往女生廁所。我想辦法偷走了她帶到學校的剪刀，但是完全沒有想到在那些廉價、無害的彩色塑膠製品裡的小刀片。

我試著尾隨她到女生廁所，但這卻讓我招來白眼和來自足球隊隊員的嘲笑。

「伯頓是女生！」他們會這麼大聲嚷嚷。

他們實在是妙語如珠，讓我可以笑到倒地再爬起來，可是我有其他的事需要擔心。

同學可以看到我和賽門會在午餐時間逗留在女廁外頭，我們在等瑪莉從裡頭出來。她的眼睛紅紅的，臉上有種哭過之後的柔弱。我會想辦法逗她笑，但是我們都心照不宣。儘管我已經盡了最大的努力，我似乎還是無計可施。

我只能繼續努力嘗試。

紙包不住火，賽門遲早會知道這是怎麼一回事的。瑪莉則變本加厲地掩飾自己。她的長袖連身服裝讓她在炎炎夏日裡汗流浹背和頭暈，可是她斷然拒絕穿少一點。她似乎已經失控而陷入黑暗深淵之中。

「妳知道我覺得妳很棒，對吧？」當她情緒低落時，我會這麼安慰她。

她的臉色卻因爲憤怒而變得更深沉。「你不會了解的。」她會這麼回我。

爲什麼讚美她反而會惹她生氣呢？

某天下午，我們坐在可以俯視橢圓形操場的斜堤上。賽門正在爲了即將到來的運動會進行練習，瑪莉和我則在一旁沉默無語。

「我希望妳不要再對自己做那樣的事。」我靜靜地說著。

她的臉色蒼白，不發一語，雙眼連眨都沒眨，就這麼空洞地凝視著遠方。

「你不會了解的，」她說：「那樣會讓我感覺比較好受。」

「可是會痛吧？所以對妳不可能是好的。我不知道妳爲什麼要那樣對待自己。」

瑪莉沒有回應，只有更多的沉默。

「妳正在傷害我最好的朋友，我不喜歡那樣。」我說著：「妳人這麼好，妳值得受到關愛和尊重，而不是痛苦。」

她的表情變得更加冷峻嚴肅。她轉頭看著我。

「大衛，」她說：「你給我閉嘴。」

我想要修補她的心，這是我最想做的事。我試著了解她的痛苦並將之拆解，我把她的苦惱當成是自己的任務。如果不這樣做，我算是哪門子的朋友呢？可是我什麼忙也幫不上。我有很多次都想過要尋求外界的幫助，可是這樣似乎變成背叛她。瑪莉要我發誓不會告訴任何人，一旦我說出了這個祕密，我害怕自己會永遠失去這個朋友。賽門跟我一樣困惑，我們兩人被迫坐視瑪莉的人生逐漸崩解，而我只能像個瘋子一樣想把所有的碎片拼湊完整。

上學又開始讓我想吐了。不過，這一次我並不擔心自己的健康，我憂心的是瑪莉的狀況。我很確信會有這麼一天，在學校的朝會時，校長會上台說出這番話：

「恐怕我們學校有個非常不幸的消息……」

我開始情緒低落。在家時，我變得畏縮內向、脾氣乖張而且容易緊張。可是，我太害怕瑪莉會發現我的情況。

爸媽都很清楚憂鬱的運作機制和徵兆，他們建議我要向外界求援。這並不是我第一次因為憂鬱而去看醫生，但是我堅持自己沒事。不要接受別人的幫助，對我來說變成了一件異常重要的事。我想，我需要證明自己是能獨立的正常人。在那段時間，家裡已經為了讓雙胞胎融入中學生活而承受了許多壓力，爸爸的工作也有些麻煩，正因如此，我極力不讓自己成爲家裡的負擔；我要讓自己是「正常」的。不過，我還沒弄清楚那到底意味著什麼。

我幾乎沒有食欲。雖然媽媽爲我準備了更豐盛的午餐與點心，可是我幾乎每天都原封不動地把餐盒帶回家。

「你需要吃東西。」媽媽堅持說道：「你要去看醫生。」

在媽媽連續幾個月的不斷請求下，我妥協了。

「我會去看家庭醫生，不過妳要答應我就只有這樣了。」

媽媽別無選擇，只得同意。

我們的家庭醫生是個替我們看診多年的老好人。媽媽預約了放學後的時間，並且送我到家庭醫生的陰暗診所。

「告訴我，」他問我：「你有什麼問題嗎？」

我望向媽媽。我很確定自己什麼也不會說，畢竟我都「很好啊」。

「是這樣的，」媽媽嘆著氣說：「他的食量不正常。他很焦慮。因爲學校發生了許多事。他也不睡覺，不跟我們溝通。這讓我們擔心極了。我想他情緒低落。」

家庭醫生聽完後笑著看我。

「你在學校的成績如何？」他問。

我聳了聳肩。對我來說，成績從來就不是個問題。我就對他照實說了。

「大多拿A，偶爾會拿B。」

醫生看著媽媽。

「他沒有情緒低落啊。」

我贏了。

我的「很好啊」的表演變得越來越大膽。戲劇課是我宣洩情緒的時機，我會大膽無畏地演出每一場戲，以平常的十倍力氣來盡情表演。之前的我是個好玩的瘋狂戲劇小子，現在的我則是個瘋子。

如果眞有什麼可以幫助瑪莉的話，這樣的我似乎是最有幫助的。我逗她發笑，我會細數她當天笑了幾次，藉此來追蹤她的情緒變化。我在數學課本後頭做了張圖表記錄一切，只要她笑了十二次以上，那就是美好的一天。然而，這對她的自殘似乎並沒有什麼幫助。

她手腕上的疤痕變得越加紊亂；她的情緒可以在頃刻之間改變。

某天，她失控了。賽門和我正在捉弄對方，我們偷拿對方的帽子，並且讓瑪莉也加入戰局。剛開始的時候，她還笑聲連連，可是當我拿走她的帽子時，她卻激動得火冒三丈。她抓住我的手，指甲深深地陷入我的手臂，隨即冒出了無數小血點。

我驚訝得鬆開了她的帽子。

「唉呦！」

她從地上抓起帽子就往頭頂戴上。

「拜託，瑪莉，」賽門說著：「別生氣了。」

可是瑪莉什麼話也沒說，她只是異常憤怒，而且眼中突然浮現淚光，隨即往廁所的方向衝去。遲疑了一會兒，我和賽門還是心不甘情不願地尾隨著她。她在十分鐘後走出廁所，臉上掛著清澈的笑容。

「妳還好嗎？」我問。

「很好啊，」她說道：「怎麼會不好呢？」

上課鈴聲響了，我沒有時間再繼續追問。她的手指緊緊勾著厚運動服的袖子，彷彿什麼事也沒發生似的。

這件事發生不久之後，我和賽門交換紙條分享彼此的暗戀對象。我的注意力已經轉移到另外一個漂亮女孩身上；賽門對異性的興趣也比之前來得大。我們討論著要如何接近自己產生好感的對象，猜想著對方是否也喜歡自己？

我轉頭問瑪莉：「妳有喜歡誰嗎？」這一直是我們閒談時的核心話題。

瑪莉看著我。

「你。」她說。

這個字在因為震驚而顯得肅靜的空氣裡不斷迴響。

我。

是我。

接下來我做了任何一個驕傲的青少年在脆弱無助時都會做的事。

我逃走了。

「對不起，我要去上下一堂課了。」說完我就拔腿跑開了。

這個訊息讓人震驚，我完全沒有想到過，而其中的暗示更是在我腦海中不斷流竄。我想著我們在她告白前的對話：我跟她提及丹妮兒，那是我正在暗戀的另外一位女孩；或者是上個月才在說的克莉絲汀！事實上，我早上才在談、整個星期都在說，前一周也大講特講，說穿了就是時時刻刻……

我談過許多女孩，就是沒有提過她。

我開始試著緩慢且有技巧地婉拒她，不幸的是，我根本不是個懂得婉拒暗戀對象的專家。我從來沒有被瑪莉吸引過。縱然我真的想要談場戀愛，可是與瑪莉談戀愛這件事卻讓我心生畏懼。即使這樣，倘若我根本無法使她快樂起來呢？我注定會是個失敗的男友，我知道自己當她的男朋友會比當朋友來得更糟。

我讓自己鎮靜下來，走回瑪莉身邊向她道歉。「我只是有一點吃驚。」我說。

瑪莉點點頭，眼神向下飄去。

「我很抱歉，」我又說了一次：「我想我們還是當朋友，好嗎？」

她沒有回答。只見她的頭髮遮住了臉龐。

「我很抱歉自己都在談論其他的女孩子，沒有顧慮到妳的感受。」

她緩緩點了點頭。

接下來我問了一個自己已經知道答案的問題。

「妳是不是因爲我的關係而割自己的手？」

她沒有說話。

接著就點了點頭。

我感覺時間頓時慢了下來。我感到一陣空虛、無法呼吸且心神飄忽。

我們在鐘聲響起後就回到教室上課。

並且再也沒有提起這件事。

那天下午，我跟賽門通了電話。

我們兩個說到都哭了，壓力眞的太大了，就只有我們兩個人努力要讓這個女孩活著。我沒有完成任務。我試著善待瑪莉，到頭來卻只是讓事情更糟。我要爲這個糟糕的處境負起責任。

「我跟我爸媽說了。」賽門說道。

「是噢，」我嘆氣：「我想我也應該告訴我爸媽，可是我們發誓不會說出去的。」

「我知道，可是我們不能讓事情這樣繼續下去。」

「你爸媽有說什麼嗎？」

「他們覺得我們應該跟學校講。他們要我們去找輔導老師或校長。」

「不行！這樣她以後就不會再跟我們說話了，她會自殺的。」我說。

電話另一端傳來賽門微弱的聲音：「大衛，不管怎樣她都可能會自殺的。」

然後聽見媽媽喊我吃晚餐。

「我不能講了，」我說：「明天再說，我們會想出辦法的。」

我們掛掉了電話。

祕密是藏不住了，也越來越難找到藏住這個祕密的理由。不管我和賽門怎麼做，瑪莉都是痛苦的。

那天晚上，當雙胞胎吃完義大利肉醬麵離開餐桌後，我對爸媽全盤托出實情。他們靜靜地聽著我說完，媽媽開口說：「賽門的爸媽是對的，你們要告訴學校，瑪莉的爸媽也應該要知道這件事。」

我就是害怕會有這樣的結果。媽媽素來就愛管閒事，可是我們現在最不需要的就是她打電話給學校或瑪莉的母親。

「不要啦，媽，拜託。」我哀求著：「妳什麼都不要做，我是認眞的。我們不知道瑪莉會有怎麼樣的反應。」

「這不是你的責任啊，小子。」爸爸說著：「你已經盡力做了你該做的事了。」

「可是不要啦，拜託，不要打電話或做任何事情。拜託，再給我一點時間。」

他們都沒說話，只見媽媽正在思考著。

「大衛，一定要有人採取行動。她現在有困難，可是拯救她並不是你的責任。」她說。

「可是我是她的朋友啊！我們發誓不會跟別人說的！」

其實我現在也已經無法再說服自己了。我累了，不僅厭倦在數學課本上註記瑪莉的笑容次數，更厭倦要不斷追著她跑。賽門、爸爸和媽媽的想法都一樣：是到了該告訴別人的時候了。

這種做法就如同舉手投降。

隔天早上，我和賽門瞞著瑪莉，把事情告訴了一位老師，那位老師帶我們去見了輔導老師，而那位不知名的女士同情且冷靜地聽完我們要說的話。

「你們是很好的朋友，你們做的是對的。」她說：「學校現在會處理所有的事情，好不好？你們只要繼續當瑪莉的朋友就好，其他的都不要管。」

我嘆道：「我很懷疑這麼做之後她還會當我們是朋友嗎？」

「這樣啊，那就是她的選擇了。可是她很幸運能夠有你們當她的朋友。」

我們靜默地呆坐著。賽門和我都處於極度驚恐之中。

輔導老師笑著說：「好了嗎？我想你們應該要回去上課了。」

四分鐘之後，我們回到英文課上讀莎士比亞的十四行詩。

不管怎樣，就算我不知道後來究竟發生了什麼事，我想學校確實處理了所有的事情，他們一定通知了瑪莉的媽媽，或是讓瑪莉敞開心胸說話。我們再也沒有跟輔導老師說過話。整件事情至此是個反高潮的結局。我和賽門是不是背叛了最好的朋友呢？還是我們救了她一命？沒有人告訴我們答案。

隔天，我和賽門找了瑪莉。

「嗨。」我緊張地跟她打招呼。

只見她還是埋頭於書本裡。

「瑪莉，對不起。妳可以跟我們說發生了什麼事嗎？」

一點回應也沒有。

「我們只是想要幫妳。」

不管我們說什麼，瑪莉再也不跟我們說話了。我們整天都試圖打破僵局，可是無論做什麼都不管用。

對於瑪莉來說，我們已經成了陌生人。

我和賽門開始與其他人一起共進午餐，瑪莉則在午餐時間不見蹤影。

那是十年級要結束的四個星期前的事。讓我不再接觸瑪莉最大的原因，就是爸媽堅持我應該要讓瑪莉去過自己的生活，她的人生幸福並不是我的責任。我做了正確的事，我說了實話。

除了這些事情之外，學校和朋友突然間又變得有趣了，午餐時間變得輕鬆自在，我都忘了憂心忡忡的感覺是什麼了。我對沒有感到更加內疚這件事內疚萬分。

我和瑪莉再也沒有說過話。那一年的中學課程結束之後，瑪莉就轉學到城區另一邊的學校。我聽過這樣的流言，說她刻意用紐約口音假裝自己是美國九一一事件的受難者。那就是我聽過有關她的最後消息，從此我再也沒有見過瑪莉。

現在每當我回想起瑪莉，我都會想起我們首次嬉鬧的互動，她抬起蒼白的圓臉，以溫暖的眼神看著我，用手指頭指著我沾染了墨水的胸口，然後真心關懷地問：「你割到自己了？」

05 甜蜜十六歲 Sweet Sixteen

沒錯，我需要跟別人發生關係。

天知道要如何描述一個青少年受到荷爾蒙的激烈作祟而產生的無盡情欲，這眞的是讓人百思不解。我渴望長大成人，幻想自己過了十八歲生日就可以不受限制地進入成人用品店和看A片。我的設想是這樣子的，等到我眞的長大成人之後，我就可以毫無罪惡感地投入這些事物之中，可以享有絕對的自由，我會一整天馬拉松式地自慰。現在的我一想到這些事情，就會感到徹底精疲力盡。我想自己大概會對青春期的性生活大失所望。

但在這之前，讓我們先回頭說說我發現性的首次經驗。在我十歲的時候，爸爸坐下來跟我解釋生命的課題。由於我開始逐漸接觸到大人在看的電視影集，如《六人行》和《歡樂單身派對》（*Seinfeld*），因此有點擔心的爸爸覺得到了男人與男人談話的時候。我們坐在前廊，爸爸幫我上了一門生理課程，是準確的基本臨床內容（順道一提，內容中也提到「有些人是同性戀，那是沒有問題的」。這項資訊就留到後面再談）。

我深深著迷於人體的新知，趕緊把訊息轉告了我那時的好友們，她們是鄰家比我年幼的三姐妹，她們對我用的新鮮詞彙感到不解。我使用的所有新詞都讓她們印象深刻，像是「精子」、「卵子」和刺耳的「尿道」，講完後我就心滿意足地離開了。我真是太聰明了，那些女孩有我這樣的朋友也太幸運了吧。

我跟爸爸說自己跑去告訴三姐妹，他聽完臉色發白，接著就步履沉重地到鄰居家解釋情況。我不知道鄰居的反應，只見爸爸回家後急切地對我說：「那是很特殊的資訊，有些人對於那樣的事情會覺得怪怪的。」

我對於這樣遮遮掩掩的狀態感到費解。爸爸無法讓我明白何以鄰居會害怕這樣的資訊，或是擔憂它所引發的後果。雖然爸爸極為清楚地向我描述了性交的過程，但他遺漏了兩個重要的部分，那就是性欲是極為強大的，而且性是極度歡愉的。

接下來的幾個年頭，我接收到異常清晰的訊息：性是特殊的，我們因此不會公然談到性。那些在操場大叫「陰莖」來霸凌別人的小孩，那些偷偷摸摸親吻的人，都是淘氣和愚蠢的。性是個祕密。

爸爸爲了我的成人教育，在我的請求下買了一本書給我，那是當時我最愛的一位作家所寫的書——約翰・馬斯坦（John Marsden）的《男人的祕密情事》（*Secret Men's Business*），很符合我的需求。這本書很棒地回答了我一直害羞而且不敢問的許多問題，而且還提到了一個我從不知道的詞彙：自慰。

我做了遇到不懂的詞彙就會做的事，去查字典，而且還讀了幾好幾次定義，簡直不敢相信自己看到的資訊。我的心臟在胸膛裡大聲砰砰跳動著。

竟然有這種**選項**?!

就這樣，這本書開啟了男孩發現自我的故事，也是我中學生活的開端。十小時前，那個尙未穿上閃亮嶄新的天主教中學制服、走出家門展開成年的生活的我，做了什麼呢？

我自慰了。生平……第一次。

我異常清楚地記得前後發生的所有事情。當爸爸大聲喊我說在晚餐前還有時間可以洗個澡，我的手裡還拿著字典，就走進浴室脫下全身的衣物。我低頭看著自己的老二。不知何時，我的老二周圍長出了許多陰毛，老二的長度也幾乎是以前的兩倍。我就這麼以全新的眼光凝視著自己的身體，這可以說是我曾有過最怪異的一次經驗。

我其實還不太清楚「自慰」的概念，感覺有點汙穢。由於有了這種想法，我從浴室臉盆下面找出了兩只拋棄型的乳膠手套，就這樣戴上手套進入浴缸開始自慰。

過程很短，但是強大而讓人困惑。

我沒有想過整個過程的……怎麼說呢……眞實結果，我驚訝它就這樣發生了，並且隨即感到難爲情。

我感到糟透了。

容我在此岔開一下。一個絕對正常的健康少年用一雙乳膠手套完成了他的第一次性經驗，但結果卻是一陣羞愧，那到底是怎麼一回事？

我把乳膠手套埋在車庫，卻又害怕家裡的人會發現。實在很難描述自己感覺到的那種根本上的自我厭惡。在不自知的情況下，我其實是因爲隔壁鄰居的態度而感染了社會上對性的恐懼。

一直要到十年之後，也就是等到我二十歲出頭了，我才能夠在不自覺汙穢的情況下射精。在青少年成長階段，我會冷酷地告誡自己**不可以**再觸摸自己，可是卻又不可避免地故態復萌，每次做完後都覺得自己跟沒有前途的癮君子並沒有不同。

我並沒有上癮；我只是個青少年罷了。我的身體裡流竄的荷爾蒙，多到可以讓一頭小馬死而復生。自慰讓我感覺很棒，不僅提升免疫系統，而且有助於紓解壓力。

在性知識方面，我爸爸比許多人的父親要好上太多，他給予我更多的教導，而且他買給我的那本書更是當時相當進步的著作。然而，這些都不足以阻止性所帶來的荒謬的羞愧感。

性可以讓人害怕；青少年狂野不羈的性欲更是會招致危險且具傷害性的，嚴重一點可能會讓人沉淪於黑暗的深淵，但是壓抑性卻也行不通。對自己無害的青春期欲求和純眞的自我探索，我確實找不到應該害怕或憎惡性的理由。

無論如何，只要是安全地私下進行，並且保持自身清潔（不需要使用乳膠手套），自慰是完全正常的。此外，自慰也會讓你快樂。不過，對於青春期的我來說，我沒有享受過任何一次自慰。但願那時能有人更斷然地對我說，自慰是沒有問題的。

等到四年後升上了十一年級，事情變得更加讓人困惑。我渴望女人，可是到頭來卻都是一場災難；我讓自己最要好的朋友傷透了心，而且最終失去了她。事情的結局讓我感到糟糕透頂。

正是如此，會自慰的我覺得自己正犯下可怕的罪刑。我的幻想也沒有任何助益，腦海中開始像有個鏡面走廊般的幻覺，一切都在迷霧中不斷游移、改變和扭曲。

男人的影像開始出現在我的幻想中。赤裸、強壯和陽剛的幻想猛烈來襲，讓我迷惑的同時卻又深具吸引力：我是同性戀嗎？

我急切地尋求男性的情感和深厚的同伴情誼，不過我沒有找到。我和賽門的友誼只是令人沮喪的死胡同，那是建立在競爭之上的關係，從未轉變爲情感上的親密。我們會爲了政治而大聲爭辯到聲嘶力竭，但就是不可能談論彼此的感受。

我的其他朋友都是女性，她們很可愛、聰明和美好，但是我不相信我可以跟她們之中的任何人說出我的性幻想。這眞是可悲，畢竟我想要的就是有人可以與我分享想法，想要知道對方是否跟我一樣失落。我不知道自己是不是正常的，我對何謂正常一點概念也沒有，因此我幾乎得到一個結論：我就是與別人不同。在我身邊的朋友，都在約會、交往以及幻想婚姻和生兒育女。雖然我也有相同的幻想，但是卻也對男性軀體有著無法滿足的好奇心。

問題又再次浮現。

我是同性戀嗎？

我讓自己相信自己不是同性戀，那只是好奇心作祟，是我的腦袋對自己施加把戲罷了。我花了許多時間，安靜羞怯地在網路上觀看色情影像（在我成長的年代，這是比較困難的任務），觀看男性自慰影片來「看看自己做得對不對」。我就是想要知道答案。在無人可以談論的情況下，A片成了我在夜深人靜時絕對保密的唯一同伴。

在A片的世界裡，性似乎是很容易發生的事，而且男性都被要求要有侵略性、懂得支配和具有自信。我完全不是這樣的人。我發現自己被同性戀A片裡的各式男性所吸引，並且覺得自己似乎比較可能融入其中。「0號」、「1號」、「小鮮肉」、「胖熊」——這些都是我在學習如何成為男人時所認識的新語彙。

不過，同性戀帶來了解放的可能，卻又引發了那意味著自己是個怪胎的焦慮。我的周遭沒有同性戀，而且還認為自己一旦「出櫃」就會被他人放逐；我確信爸爸會因此與我斷絕關係，而學校裡的朋友也會排斥我。

此外，我並不厭惡女性，心中還是存在著婚姻和生育兒女的浪漫想法，而且並不急著想放棄這個想法。然而，對於電視喜劇和電影裡散播的理想浪漫男性形象，和異性戀A片裡充滿性自信和侵略性的性感男人，我實在無法將這兩者連在一塊。

而這些都存在於我的腦海裡。現實生活中，我還沒有親吻過任何人，甚至也還沒跟別人約會過。對於十六歲的人來說，這是很落伍的。有個怪異的插曲，就是賽門現在已經有了一個交往幾個月的女朋友。我覺得好像除了自己之外，每個人都在發生性關係。我的周遭冒出了一對對的男女朋友，關於他們的性狀態的消息也透過流言蜚語而不斷更新；有些人還在堅持，有些人則早已達陣。有人說發生性關係是一種「成年禮」。在我的想像中，每個人都在四處發生性行爲，比如在化學教室的本生燈旁快速打上一砲，或者是在數學課的桌椅下彼此愛撫。在這樣的時刻，我只是玩弄著手中的量角器，納悶著這到底是怎麼一回事。

現在回想起來，這可以說是大家耍弄彼此的最大詭計。我現在才明瞭，當時發生所謂的放蕩行爲遠比我們想像中要少很多，大家都處於禁欲的狀態；實際上，跟我們宣稱的次數相較，眞正發生性行爲根本是屈指可數。

我下定決心要交個女朋友來向每個人證明，特別是向自己證明，我是異性戀，有著活躍的性生活。我的暗戀對象就像旋轉門般不斷改變，而上了十一年級的我，心儀的正是蒂芙。不知何故，我就是敏銳察覺到她對我也是心有獨鍾。

蒂芙剛轉學來六個月。她對戲劇的熱情讓我們很快成爲課堂上的夥伴，而且在經歷過瑪莉所帶來的麻煩之後，她活潑甜美的個性更是讓我覺得安心。

蒂芙是個擁有深色哥德調調[12]的漂亮女孩，幾抹眼影讓她的藍眼睛更加明亮，一頭流瀉的烏黑長髮一綹綹鬆散地落在肩上。安靜的她完全不想引人注意，可是我卻對她印象深刻，開始深深的迷戀上她。

共進午餐的成員除了我和賽門以外，現在變得更多，流動性也變大了，團體中的社交規範也比剛開始寬鬆許多。蒂芙也是這個大團體中的一分子，我們也因此越走越近，並私下外出。

就我們兩個人。

一同外出。

12 哥德（Goth）次文化起源於一九八〇年代英國後龐克音樂界，其衍生的風格元素通常來自西方中古世紀末期、伊莉莎白和維多利亞時代，以深色為主。最常見的打扮是黑髮、深色眼線、黑色指甲油、黑色服飾配銀色飾品。

只有我們兩個人一起外出。

儘管左看右看都像是在約會，我們卻矢口否認。

我們一起去看了《芝加哥》（*Chicago*）。

沒錯，就是那部歌舞劇《芝加哥》。

那我就不是同性戀。

蒂芙和我都喜歡歌舞片，我們都是幾年前上映的《紅磨坊》（*Moulin Rouge*）的超級粉絲。

電影裡有種巨大的東西讓我著迷。我壓抑了大部分的真實自我，相信自己基本上不配擁有任何一種戀愛關係。我相信自己是一個糟糕的朋友，和一個大體而言很糟糕的人。這些電影充滿了戲劇性，給了我自由釋放情緒的管道。我猜蒂芙應該也有相同的感受吧。在學校之外的自由滋味的觸動下，我們兩人在漆黑的電影院裡悄悄地交談著。

「在學校裡，妳有喜歡的人嗎？」我問。

她的眼裡閃爍著一抹光亮，並緩緩笑著。「也許吧。你呢？」

我試著專注而不讓聲音顯得破碎。「也許唷。」我嘶啞地說道：「妳呢？」

「應該有。」她羞澀地回答。「你呢？」

我傻笑了起來。「應該有。」

沉默了一會兒之後，我又重複問：「妳有喜歡的人嗎？」

她低頭往下看。「應該有。」她輕聲說著：「你有喜歡的人嗎？」

雖然整個對話過程還滿扣人心弦的，但我就忽略這些，直接切入重點吧。

「我想……我……喜歡妳。」我悄聲說道。

我抬起頭來看著她。

只見她微笑著。

「我也是。」她答道。

我們都笑了，我的內心洋溢著喜悅。

「妳想要跟我約會嗎？」我問。

她再次輕笑了起來，眼神顯得益發閃亮。

「好啊。」

我贏了。我交女朋友了，我達成了使命。終於做到了，一切成眞了。我和蒂芙要開始約會了，眞是讓人欣喜若狂。太棒了。

是的，很酷。

可是接下來呢？

隨著彼此在靜默中承認相互吸引之後，我以爲有什麼會開始發生作用，我以爲自己的性欲會開始失控，畢竟所有青少年都想要發生性關係，不是嗎？我現在已經有了女朋友，我是不是應該開始不明就裡地發生性行爲？我一直是這麼認爲的，只要自己有了另一半，屬於男人的侵略性和自信心就會自然浮現。

然而，不僅什麼也沒有發生，事實上我的性欲反而開始消退。性的念頭開始讓我充滿恐懼，我甚至無法吻她。我的身體在這種緊張的情況下變得緊繃，連說話都有問題了，更別說要用雙臂一把將她抱起，並溫柔地放到床上。

但起碼我們要接吻吧，而且要快點，畢竟時間正不斷地流逝。

恐懼中的我軟弱無力。要如何接吻呢？我到底應該要怎麼做？是不是就閉上雙眼直接進行？我應該要扶著她的頭嗎？可是那樣會不會很怪？我是不是應該舔濕我的雙唇？但是這樣做會不會有點讓人害怕？

這麼多年來，我一直想要有個女朋友。聽我說，這不是蒂芙的問題，蒂芙在各方面都很完美，她明亮的藍眼睛和迷人的笑容都讓她顯得動人。她永遠精力充沛並充滿幽默感，我們總是可以讓對方開懷大笑。我能感受到她和我是同一類人；她也跟自己的家庭格格不入，而且同樣低估了自己傑出的潛能。我就是因爲這些而被她吸引。

顯然在身體接觸上**我**應該要主動，這絕對是每個男人都該做的事。當天接近尾聲而我們準備道別之際，或者是某些我們獨處的時刻，她都會殷切地望著我，而我只能無止盡的沉默。

「就這樣，」我說著：「再見囉。」

她則只是淺淺地笑著說：「再見。」

我們看著彼此的雙眼，我可以聽見她的腦波對我傳達著採取行動的要求，而且尖聲嘶吼著**親我**。

可是我就是辦不到，只是笑著點頭後就離開了。

轉身離開後，我覺得自己沒有通過一項相當重要的考驗，而且根本無法回頭看她，只好趕緊離開。

蒂芙不斷給我另一次機會。每一次，她都會眼睛發亮地注視著我，充滿樂觀與希望的期盼著某種我根本鼓不起勇氣給予她的東西。

星期五轉眼間就到了，我們作爲男女朋友的第一個星期結束了。我心知肚明，

此時是我該採取行動的關鍵時刻。

「這個周末我會很想妳。」我說。她的手緊緊握住我的手。

「噢。」她羞赧地低下了頭。接下來，我可以看到她急切的念頭，只見她抬起頭來，我們之間只有幾吋的距離。

我覺得自己緊張到要虛脫崩潰了。

「要我上網跟妳聊天嗎？」我問。

「好啊。」她笑著回答。

接著就是沉默。

一陣深長可怕的沉默。

「就這樣囉，」我說著：「下星期再見了。」

「好。」她說。

又是一陣沉默。

又是如此。

一陣更加深長可怕的沉默。

我試著忽視蒂芙臉上的失落，轉身離開。

眞是太糟糕了。

我開始質疑所謂男女朋友這整件事，什麼也沒有因此而改變。蒂芙和我會相互擁抱，但是我們的相處方式還是如同一般朋友。難道所謂的男朋友只是會「親吻對方」的一個朋友？

接下來的星期三是情人節，我買了一朵花和一張《紅磨坊》豪華版DVD送給蒂芙。

就這樣又過了兩個星期，就青少年談戀愛的時間觀來看，那眞是度日如年。除了牽牽手、抱抱她和送她一份禮物之外，我沒有做其他事情。我不夠主動，使得原本輕鬆的友誼現在變成了尷尬怪異的關係。每次開口說話，我都覺得自己像個白癡，我開始摸不透她的想法。

我試著跟賽門談談自己的困惑，但他卻對我的無能感到詫異。

「你怎麼就不會做呢？」他惱怒地問我。

「我不知道該怎麼做啊。」

他聳聳肩說道：「做就對了嘛。」

「我知道啊，可是要怎麼做？」

「你想太多了。閉上嘴，做下去就是了啊。」

是噢，賽門，眞是個好建議。做就對了。

好吧。

學校安排了一趟前往布里斯本（Brisbane）的戲劇之旅。雖然戲劇節目歡樂有趣，我卻無法好好欣賞。我和蒂芙坐在劇院後方的座位，我們雙手緊握，她的頭靠著我的肩膀。又是星期五了，現在的我有兩個選擇，要不就親吻她，不然的話就是這個周末約她私下見面；若是後者，那就表示我們之中有人得承受到對方家中拜訪的痛苦，但是，單單這麼想就是一種折磨了。因此最好今天就可以發生，畢竟我們是不可能在什麼都沒做的情形下再度過一個星期的。

就這麼辦吧。

在我們搭乘巴士返校的時候，蒂芙不斷將頭倚在我的肩膀上，手指不停在我的掌心畫小圈圈，在我手心搔癢。這種新的親密關係實在是讓人受不了。巴士裡很熱，午餐的油炸食物突然間讓我的胃腸翻騰，我眞的無法採取行動。蒂芙在車上依偎著我的情形，學校老師透過後照鏡都看在眼裡。巴士抵達學校時，老師也不禁對我眨眼點頭示意。噢，老天啊，每個人都要發現我是個假貨了。

蒂芙歡天喜地，而我的內心卻在大聲尖叫，只感到這一切都不對勁而且好怪異。我注定要讓她失望了，我無法遏止地感覺自己像坨屎。在情欲的國度裡，我感受到的是令人癱瘓的恐懼。

她抬頭微笑著向我道別。學校操場上終於沒有其他人了，等待的期間我的腸胃緊張得難受。當我們手牽手看著對方，那沉重且熟悉的沉默再度橫亙於我們之間，我的那些失敗也在其中擺盪而隱約迴響著。

她在等我採取行動。

「再見。」我卻只能這麼說完就轉身離開。

如同我預料的一樣，我完全搞砸了。我實在是個糟糕的男朋友，連親吻都無法給她。

星期一的時候，賽門建議我分手算了。

我就照著做了。我說服自己，蒂芙對我也是抱持著相同的想法。

「我只是覺得我們還是做回之前的朋友比較好。」我在說話的時候一直試著不要與她的目光接觸。「我想我們只能當朋友。」

蒂芙簡短沉默地點了點頭，然後就笑了。

我們擁抱了一下。

一切就這麼結束了。

我隨即感到如釋重負。現在的我可以不用再掛心這件事，可以輕鬆地呼吸，可以做回演戲狂大衛，可以跟蒂芙再回到之前的朋友關係。我說服自己相信她也認同這樣的結果是沒有問題的，可能還跟我一樣覺得解脫呢。

「結果還不錯。」我有天對賽門這麼說道，「我不知道我們幹嘛要試著有進一步的關係，她也是這麼想的。」

賽門根本不相信我的說法。「她一定很沮喪，我想你只是不知道而已，她眞的很氣惱。」

我聳著肩而不理睬他的看法。他知道什麼？我試著忽視失敗的感受，就把第一次的約會經驗當作是一場沒有回報的實驗罷了，很快就會出現另外一個對象的。

一星期之後，我在蒂芙的手腕上看見了幾道割痕。

06 喂～ Yoo-hoo!

當時全年級都處於瘋狂之中，我心中愛戀和情欲的拉鋸戰只不過是其中的冰山一角。我們很快就進入了中學的最後一個學年，壓力遽增。情侶關係從鞏固到崩潰，而貞操可以隨心所欲地給予和獲取，我還聽說有許多飲酒狂歡的派對（但沒有參加過）。不過，旺盛的性欲只是中學生涯的一部分，到處都是一片混亂。女孩們自殘的流言時有所聞，有兩、三個學生會帶著家庭紛爭導致的瘀青到學校上課。

學校也對我們毫無幫助，每堂課的作業一份接著一份不斷累積，而且份量和難度不斷增加。

關於背負責任和長大成人的那些安撫談話，只是增加了大家的緊張。我們都還沒有進入最後一個學年，就幾乎每天都會被詢問畢業後的意向爲何，而且每兩個星期就要列出一連串心靈、學業或是個人生涯的目標。大人盡他們所能地將自己渴望的未來投射注到我們身上，但是這種做法很難達到預期的效果，我們無法因爲光明和閃亮的未來似乎近在眼前，就把注意力轉向身外的遙遠天際，這麼做反而讓我們覺得自己與生俱來就不夠好。我們似乎必須得到更好的成績、獲得更多的成功和創造出更獨特的機會，才能夠融入社會。也就是說，如果我們只做自己的話，我們與理想中的模樣實在是差太多了。

奇妙的是，爸媽並沒有對我施加學業上的壓力，他們感覺得到我已經夠緊張了；可是我大多數的同學就沒有這麼幸運。我不知道未來要做什麼，但幾乎可以確定我對職業生涯的選擇會受限於那難搞的性欲；而且，我似乎會讓跟自己交往的女生產生自殺的念頭。

戲劇課是能讓我自由表達的平台，可是在升上高年級後，卻有了相當大的改變。寇茲夫人所建立的聖殿一直是我跪倒膜拜的地方，這位激發出我自信的女士卻要離開學校去建立自己的家庭了。剩下的戲劇老師能力都很好，可是就是沒有人可以讓我信服到不再執著於寇茲夫人。

不過，寇茲夫人留給了我一份離別禮物。她的先生是城裡另一所男校的戲劇老師，我因此接到一通電話，邀請我在放學後參加該校每周的戲劇團體活動。我是團體裡唯一不是該校的學生，而且那個團體裡也沒有女生。

我對於那間學校一無所知，覺得其他學校應該都跟自己就讀的男女合校一樣混亂吧。

在一個冷颼颼的星期四晚上，我前往一座空蕩蕩的音樂館，完全不敢想像會發生什麼事情。在音樂館裡（這裡的資源設備比我的學校更好），有二十幾個吵鬧的青少年正在彼此追逐、扭打和咆哮。我在館裡另一頭瞥見了寇茲先生友善熟悉的面容，他向我走了過來。

「嗨，」他說道：「快進來吧……」

他的邀請被屋裡的一陣咆哮聲打斷。

「**連恩，你給我滾開！**」

寇茲先生抬起眉毛，以警告的口氣叫著：「卡勒姆，注意你的口氣。」

「但是連恩脫我的褲子！」

那是實情，只見卡勒姆忙著拉上腳踝邊的褲子，而攻擊他的連恩在一旁歇斯底里地笑。寇恩先生看看後就只是笑了一笑，接著就轉頭面對我。

我則十分震驚，胡鬧和謾罵在我的學校很容易就會被罰留校察看，但是在這裡，寇茲先生就只是挑了挑眉而沒有做些什麼。整件事就在微笑中落幕，包括被所有人看到自己藍色內褲的卡勒姆在內，在場的每一個人都享受著玩笑。這眞是一個不同的世界。

「來加入我們吧，」寇茲先生說：「活動很快就要開始了。」

我加入了他們的笑罵中。「大家聽我說，」寇茲先生喊著：「這是大衛，他今天晚上會加入我們的活動。」

只見有人向我點頭示意，但是玩鬧隨即又開始了。就是這樣，我被接受了。整個遊戲現在演變成扭打、追趕和胡鬧，我都來不及看有多少褲子被脫上脫下了。

相較於我的學校裡幾乎全是女生矜持的戲劇課，我顯然進入了精力旺盛的男性馬戲團，這個男生戲劇社團就像是深夜的有線頻道特別節目。

等到當晚的活動開始，我們進行了一連串即興表演，彷彿沒有任何規矩似的。唇槍舌戰是這個團體的溝通方式，我們比賽誰能說出最下流的笑話，看看誰可以最具創意且最自由地使用髒話。荒唐愚蠢的行徑會被接受、胡說八道也受到讚賞，就這樣快速且簡單地建立起友誼，在轟隆轟隆的派森式的瘋狂情境中[13]，我身爲一個外人的恐懼也一掃而空。

每個星期我都會去參加活動，即使我們的交集就只是幾場有趣的戲劇，但我卻覺得這些男孩都是我的朋友。雖然我們從來沒有分享過祕密，也只是打打鬧鬧而已，沒有其他交談；但是，社團排定了充滿雄心壯志的公演行程，我們每兩個月就要製作一齣簡單的新戲，慢慢地也就培養出了親密的革命情感。

這些演出本身相當精彩，內容包含了經典喜劇小品、原創故事和純粹的鬧劇；以親朋好友爲主的觀衆更可以在中場休息時觀賞學生的噴火表演，現場還有臨時成軍的樂團演奏。舞台後台則堆滿混亂的道具，還有成堆的、還沒排練過的劇本，裡面充滿了男性下體的汗臭味。

我在那裡度過了人生最好的幾個夜晚。遠離了學校的階級環境，讓我成爲一個不受限制且能大聲表達自我的戲劇小子，而且身邊都是以同樣方式擁抱這種表演機會的同伴。我慢慢了解到，這些戲劇社成員都是無法融入學校生活的男孩，相較於

13 作者指的是知名的英國喜劇團體「蒙提・派森」（Monty Python）。

充斥著運動競爭的學校生活來說，戲劇社才是這些男孩的避風港。

在那些表演之夜，真正成功的表演是寇茲先生撰寫的原創劇目。這些劇目帶有冒險情節，聚焦於一個男孩和一群他想像出來的夥伴，並且搭配一些重複出現的角色。每個社員因此都能被分配到一個角色，再以即興創作的方式逐漸讓角色鮮活起來。

「就是這樣，」寇茲先生在某天晚上宣布：「我們要開始創作下一齣戲。我們會在今天晚上想出幾個新角色。每個人都會拿到一張紙條，上頭寫著角色的姓名和簡短的角色描述，接下來就開始玩創作吧。」

大家輪流傳著放了紙條的帽子，我從裡頭抽出了一張。紙條上寫著：「尤金，一位輕浮的教授。」

我們分成小組上台介紹自己。即興創作的原則就是不要思考，你只要**做**就對了。輪到尤金向大家自我介紹時，我跟大家一樣都嚇了一跳。

「哈——囉——」尤金用女性化的口吻懶懶洋地拉著長音跟大家打招呼。「我是尤金教授，我是來這裡進行**實驗**的。」說最後一句話時，我挑了眉，並且用手在乳頭上慢慢地畫圈。其他男孩看了不禁捧腹大笑。

就是這樣，尤金誕生了。

我並沒有刻意塑造，卻創造出了超級誇張諷刺的人物，一個我向來害怕自己變成那樣的人物。他是個大娘砲，是個相當女性化、毫無手腕而且幾乎不加掩飾的同性戀者。他說的笑話並無智慧，而是不斷用隱晦的嘲諷來挑逗其他男孩。尤金每次都會登場；或許是因爲我隔天不會出現在那間學校，尤金說的都是其他男孩不會說出口的話。

「我聽到一個聲響！」尤金在一次鬼屋探險時說的話讓人印象深刻：「我感覺到有股能量……等一下，我可以感覺到它的存在……」

尤金作勢要感覺那股「能量」而閉上雙眼，並讓雙手在空中四處游移。「我感受到一股強勁的跳動，就是從……這裡傳出來的！」

一說完，我就會睜開雙眼，並且會恰好指著另一個男孩的下體。十幾歲的觀眾掌聲雷動，這絕對是超級不雅的玩笑。

在另外一場戲中，尤金會如此描述一份義大利波隆那肉醬麵食譜：「就是要加一堆肉和很多小茴香。」（而且一定要把「cumin」唸成「come-in」）「我愛死了小

茴香。」[14]很難想像這樣的聰明才智沒有立刻爲我打造出風靡全國的喜劇生涯呢！

隨著演出的進行，我們的觀眾越來越多了，劇中的角色開始爲人所知，並且各有擁護者。很快地，我的同學也開始來看表演，他們都很好奇我在星期四晚上參加的活動，我自己也享受著每次尤金垂下手腕對著群眾大喊「喂～」時所招來的哄堂大笑。我很害怕自己是個同性戀，但是尤金卻愛當同性戀，他的戲迷也愛死了。

我站在舞台上，最私密的恐懼被以怪異而誇張的方式表現出來，結果反而是青少年喜劇的極佳靈感來源。這種表演讓人又怕又愛。每次晚上的演出之後，我彷彿卸下了千斤重擔，感到輕鬆又自在。

我的表演在各個方面都超出了我的年紀應有的表現。我曾經給瑪莉的那個建議——只要假裝是別人就可以了——已經讓我蛻變成一個外向的騙子。沒有人知道我的憂慮。就是沒有任何一個人知道。

而且，我在學校裡還成爲了團體領袖。我嗓門很大而且語帶嘲諷，生活忙碌到難以分神。我參加了合唱團、兩個學校樂團、學校製作、辯論社、模擬法庭，以及所有接受我的委員會。升上十二年級時，那個剛入學就在視覺藝術課上被惡整的小男孩，如今已經被票選爲學生副領袖。

我沒有告訴任何人自己眞實的感受。在外放的外表之下，我經常感到緊張與沮喪。我花了極大的功夫來讓自己變成一個騙子，付出許多心力才讓自己被選爲學生領袖之一、成爲同儕的模範。我的欺瞞在各方面都獲得了回報。

然而，這一切遲早都會瓦解崩潰的。

14 小茴香的英文為cumin，作者在此以cumin和come-in的諧音來玩文字遊戲，cum-in在英文俗語指的是射精，尤金的表演可以說是充滿了性暗示。

07 瘀傷 Bruises

我沒有對蒂芙手腕上的傷疤發表任何意見，大家也都沒有談起。此外，十一年級的生涯就快接近尾聲。奮力通過考試之後，我全身虛脫地開始放暑假了，眞的有夠累。很難相信自己再過十二個月就會從中學畢業，我害怕這件事害怕到不敢思考。無論如何，還是得先熬過十二年級再說。

十一年級和十二年級的差異很明顯，那是我們穿過大門進學校上課時的那一刻就能感受到的。學校老師不斷提醒我們不再是學生了，我們現在是學校的「領袖」。在擔任學生副領袖後，因爲還有餘力，我又肩負多項職責，課外活動分量也因而倍增。賽門還是在我的身邊，我們的朋友圈也相當穩固。暑假成了我和蒂芙分手的最佳時機，在過完暑假後，我們恢復到之前的朋友關係，就像一切都沒有發生過一樣。

在最後一個學年的繁重壓力下，有件事你可能會很驚訝，其實我和朋友很少談論考試或是領導才能的概念是什麼，或者是即將來臨的成年（學校老師堅持將這段過程稱爲「神聖的旅程」）。當我們上英文課時，我們也不會反覆思索《咆哮山莊》（*Wuthering Heights*）女主角凱薩琳的內心動機；也不會對數學課上的二次方程式提出問題。

大多數的時候，我們都在談論畢業舞會。

參加畢業舞會需要具備以下三個要素：舞蹈技巧、正式服裝和舞伴。

在畢業舞會之前，每星期有一個下午，所有的高年級學生會群聚在學校的體育館學跳舞，起勁得彷彿人生**從此以後都沒有機會再跳舞**了，不然就是要等到自己小孩的畢業舞會才有可能再跳似的。無論如何，所有人都投入其中，我們就像是珍・奧斯汀（Jane Austen）小說裡的人物，好像只有這樣才能融入社會。

所有舞曲都有著古老的名稱，像是「風流寡婦圓舞曲」（Merry Widow Waltz）、「喬治亞進行曲」（Marching through Georgia）、以及我最愛的「愛琳的驕傲」（Pride of Erin），彷彿要鼓勵人們回到過去那個單純的年代，不僅女性受到壓抑，而且性別界限一清二楚；可是誰是天殺的愛琳呢？我又爲什麼要用舞蹈來展現我的驕傲呢？

我們圍成兩大個圓圈來學習這些舞蹈：男生在外圈，女生在內圈，每當音樂過了幾個小節就會交換舞伴。當這些女孩與我交叉手臂時，都會不由自主的說：「天啊，你跳得實在比其他男生好多了。」

我不禁咒罵老天，沒錯，顯然我有與生俱來的節奏感。

我的腦袋裡卻也因此響起了警報。

我是同性戀。同性戀。同性戀。

我不斷弄亂舞步來掩藏自己的舞蹈實力。至於這個世界無法目睹我的舞蹈天賦，那可是讓許多人至今回想起來都還會流淚的事（別擔心，只要有人請求，就算是臨時通知我，我也絕對可以馬上跳出「愛琳的驕傲」）。

第二個要素顯然要比第一個要素來得稍微棘手。對於要穿哪一種西裝，我真希望我可以說自己陷入了長考，不過實際上並非如此，我早在幾個月前就知道自己想要穿什麼了。

一家安靜的男性服裝店的展示櫥窗擺著三件款式相同的阻特服（zoot suit）[15]，一件是鮮黃色、一件是萊姆綠、而另一件是藍紫色。我決定要紫色的那一件，決意穿一套紫色西裝去參加畢業舞會。

請容我解釋一下為什麼想要把自己打扮成《蝙蝠俠》裡的壞蛋。穿著黑色西裝或是多數男性會穿著的服飾，讓我覺得背叛了自己的個性：這就像是謊稱我是個正常男人一樣，畢竟真實的我不是如此。紫色西裝和我那外放、有小丑感、如同尤金一樣的性格完美吻合。這套西裝不只是如此而已，它還有著鮮黃色的絲質內裡和襯衫，並搭配一條炫目的紫色領帶及一雙紫金色系的鞋子。雖然這套西裝很滑稽，卻完美地吻合了我的形象，我就是個理想的笑話。

不過，問題是商店櫥窗裡的那套西裝很貴。雖然我堅持那就是自己想穿的衣服，媽媽也贊同我的想法，可是我們買不起。還好媽媽可以從無到有做出一套複製品來。

舞會來臨的幾個月前開始，媽媽就買了樣布，開始丈量我那瘦弱的骨架，好縫

15 這是一九四〇年代開始流行於美國非裔年輕人之間的一種服裝風格，與爵士樂在美國流行文化崛起相關。通常上衣過膝，寬肩，再搭配垮褲。

製一套紫色的阻特裝。畢竟，那時候她還不太需要擔憂我那對有障礙的雙胞胎弟弟的中學生活（之後再來談談他們）。

畢業舞會的第三個要素就是找個舞伴，這件事情本身就像是一支複雜的社交舞。全年級的學生相互欺瞞，讓彼此相信配對是件隨意的事，而且是與浪漫情人的概念截然相反的臨時友伴。舞會讓那些長久暗戀著某人的人有機會碰碰運氣，也是因此，我身旁冒出了一對對新的約會夥伴。

自從蒂芙與我分手之後，我就完全放棄了找舞伴的念頭。儘管不斷被心裡出現的裸男所吸引，但我也同樣希望找到一個太太，並且過著迷人、安靜的正常生活。事實上，我相信這樣的未來就是自己的救贖。我抱著這種浪漫情懷，相信自己會變成正常男人，並且找到可以接受自己的那個人。

我有許多暗戀對象，但是卻很難踏出下一步去將想像付諸實踐。雖然多數男人都是如此，但是他們害怕的是被對方拒絕，我卻是對「被對方接受」這件事心懷恐懼。如果有個女孩接受我了，那會發生什麼事呢？我是否又會突然陷入與蒂芙交往時的情況？我又會搞砸一切而傷了一位可憐女孩的心嗎？我覺得自己應該要在脖子上掛個警告牌：「愛上我可能會讓妳割腕自殘。」

我需要一個沒有風險的舞伴。

由於蒂芙和我是朋友，我也可以自在地跟她相處，我知道自己不可能再讓她像過去那樣失望了，所以我開口邀她做我的舞伴，她也答應了。過程簡單、輕鬆且毫無負擔。畢竟蒂芙手腕上的傷痕已經淡了，我們也恢復了原來的友誼。

一切都不會有問題的。

是嗎？

我深感興味地注意著一位名叫曼蒂的金髮女孩發起的活動，她希望學校同意她帶女性舞伴到畢業舞會。當時是二〇〇四年，青少年同性戀尚未進入公眾的視線中。曼蒂最終達到了目的，成爲校史上第一位公開性向的拉子。其他學生根本毫不在乎。曼蒂和學校教職員辯論了很久，剛開始，學校認爲她只不過是要用吵鬧來獲得關注罷了，但後來她爭取到可以跟女朋友一起參加舞會。假如那只是尋求注意的胡鬧，那可說是我親眼目睹過最勇敢的胡鬧。

大家是在容忍，而不是接受曼蒂。當時我有機會以學生代表的身分參與辯論，幾乎所有人都不在乎曼蒂到底要帶誰參加舞會，那只不過是茶餘飯後閒聊的八卦罷了。然而，我想都沒想過可以利用學生副領袖的身分來幫助曼蒂爭取權益。隨著抗爭的發展，我反倒是加入了瀰漫整個校園的流言蜚語中，畢竟那實在是令人津津樂道的事件。現在回想一切，我無法想像曼蒂實際上經歷了些什麼。

我在城區另一頭參加的男生戲劇社也同樣被流言波及。隨著觀眾人數成長，我們決心要挑戰大家可接受的極限；正因如此，每次演出之後，校長就會提出一長串的抱怨。我們享受這種陷入麻煩的感覺，我更是完全不在意，畢竟我又不在那間學校讀書，不需要忍耐校長的訓示。

不過，事情遲早會失控的。在畢業舞會的前一個星期，由於例常的噴火表演出了錯，我們的晚間演出差點就釀成了一場悲劇：一個沒有經驗的年輕社員把燃火劑給吞了，他以爲噴火是要把燃料吞下去，然後噴出夢幻多變的火焰。事實上，噴火是要把極少量的燃料吐到點燃的火炬上，而且事後要馬上徹底清潔口腔。這絕對是沒有經過訓練的人不該隨意嘗試的特技。

大家趕緊把那個我們疏於監督的糊塗鬼送往醫院洗胃，戲劇社也隨即變成家長和老師的關切焦點。校長好不容易才讓戲劇社不用全面取消活動，可是噴火表演就此被禁止了。

我失望透了，我媽則是採取了更進一步的行動。在畢業舞會的前一天，她下了最後通牒，告訴我不准再參加戲劇社的活動。

我眞的嚇到了。

「媽！我辦不到！那是我一星期裡最棒的時刻！」

「我才不管，你就是不准再去了。」她說道：「我不相信寇茲先生。那很危險而且不負責任。」

「妳不可以這樣。無論怎樣我都要去。」

「那你自己走路去。」

我氣急了。

「好！」

媽媽在那陣子一直被雜事煩心，這使得她的憂鬱症轉成急性壓力偏頭痛，常常要在晚上到醫院去打針，好讓肌肉鬆弛。我經常會在晚上醒來，看見臥室窗外閃著紅色的燈光。媽媽叫了輛救護車獨自前往醫院，爲了不要吵醒家人，她還特地囑咐關掉警示器。

青少年並不是特別敏感的動物，我也不會把這件事放在心上，照樣發我的青少年脾氣，並且不斷地告訴她，不管她答不答應，我都會繼續去戲劇社。我們的爭執一發不可收拾。

「我不敢相信妳居然這樣對我！」我怒氣沖沖地說。

「大衛，那一點都不安全。」

「妳就像是**要**讓我生活得很悲慘一樣！」

在走道另一頭的衣架上，掛著媽媽花了好幾個月努力縫製的那套紫色西裝，它具備了所有阻特服的特色：銀色的襯裡、內部口袋和皺褶腰帶。那是一件藝術品。我爲此向媽媽道謝過好幾次，可是她現在卻數落我沒有爲此表示感恩。很快地，我們不再談論噴火，在我這個青少年看來，不知何故她就是無法了解我或支持我。我最終宣稱她從來不曾支持過我。

「如果是雙胞胎想要的話，」我說：「妳就不會爲難他們。」

媽媽睜大了雙眼，眼裡滿是淚水和憤怒。

在一旁的爸爸輕聲地說道：「我想你們吵夠了。」

媽媽開始怒罵我，眞的是大聲吼罵，完全是在責備我。我從來沒有聽過她如此尖聲惡毒地說話。我至今還記得她的雙眼，那一雙充滿血絲的大眼，彷彿要以身體裡的怒火將我燒成灰燼。她接著起身奪門而出，只聽見她用力地甩上車門，以驚人的速度倒出車道後，就火速開往街上。

這是從未發生過的事，我家的首要任務就是避免衝突，一旦遇到需要在對峙和沉默之間做選擇，我們都會不計代價的選擇沉默。我們家裡從來沒有人像我和媽媽一樣吵架過，當然也沒有人曾經像媽媽一樣奪門而出，就那樣頭也不回地離開家。

就這樣，媽媽留下了在原地錯愕不已的我和爸爸。我們第一個想到的是在房間裡的雙胞胎，他們一定聽見了爭吵；如果他們發現媽媽在發狂的狀態下離家而去，他們的焦慮症可能就會發作，而這需要相當大劑量的藥才能夠讓他們冷靜下來。我和爸爸到他們的房裡安撫他們，一切都沒事，他們則迷迷糊糊地相信後我們，向我們點頭表示了解。

那是一個奇時的下午，我們等待著媽媽回家，又擔心她可能會一去不返。爸爸和我沒有說話，就這樣各自做著平常會做的事情。他開始打電腦，我則回到自己房裡待著。

剛剛到底發生了什麼事？接下來又會發生什麼事？媽媽會回來嗎？

我們沒有等太久，待在房裡的我很快就聽到車聲和媽媽飛快下車的聲響，她打開前門去找爸爸。

「我要收拾行李離開！」她怒吼著。

「親愛的，我覺得妳要冷靜下來。」爸爸說道。

「不要**把我當傻瓜**！」

我知道媽媽會來找我，她一定會到我的房間來，我一定要快點找個地方躲起來。不只如此，我一定要快點到雙胞胎身邊。看到媽媽這個樣子，他們會有怎樣的反應呢？媽媽又會怎麼回應？我飛快地跑到雙胞胎的房裡，藉此逃避媽媽和爸爸之間越演越烈的爭執。

我衝到雙胞胎的房間，然後把門關上。他們正坐在二手沙發上靜靜地看電視。他們抬頭看著我，神色自若。

「發生了什麼事？」安迪問我。

「沒事啊，」我微笑著回答：「沒事。」

我留心著客廳裡的動靜，客廳傳來媽媽的尖叫聲。

「那是什麼？」克里西問著。

「我們來聽點音樂。」說著我就走到CD播放機前放起了音樂，喇叭隨即傳出了高分貝流行樂曲，我和雙胞胎跟著音樂瘋狂地跳舞和唱歌，同時我的胸口卻不斷地緊繃地跳動著。不過，我們再也聽不見外界的聲音了。

我可以感覺到部分的自己破碎了。快樂的雙胞胎可以美好地忽視一切，我則有點接近瘋狂。我與他們一起唱歌跳舞，假裝一切都沒發生，即使外頭正接近世界末日。有那麼一會兒，我假裝自己是個在保護弟弟的好哥哥和好兒子。

歌曲結束了，一片寂靜。

沉默。

一切回復到安全狀態。

錯不了，我應該要回到自己的房間了。如果媽媽進來，在雙胞胎面前與我對峙的話……

我很快地躲進自己的房裡，並關上房門，沒有撞見媽媽。我想她走過通道回到了自己的房裡。我氣喘吁吁地靠門等著，我好害怕，我從來沒有怕過媽媽，這是從來不曾發生過的事情。

我聽見她在走道上踱步的聲音，隨即聽到一陣可怕的敲門聲。當她打開門的時候，我趕緊閃開，跳到床上，離她遠遠的。

我很確定她會打我，我也幾乎認定那是一定會發生的事。我的腦海中馬上浮現學校裡那些身上有著瘀青的孩子的身影。我向她道歉，噙著淚哭喊著對不起，爲自己說的話跟她道歉，那些都是愚蠢的氣話。

她眼神冰冷瞪大眼睛看著我，此刻的她不是我的媽媽，我不認得眼前的這個人。她不是我媽。接著她開口說話，眼中噙滿淚水。憤怒所致的尖利聲音已然消失，取而代之的是深刻明確的嗓音。

「你是個糟糕的壞兒子，不知感恩，而且對家裡什麼貢獻也沒有。」

她說完後就轉身離去，將我的房門用力甩上。

我一邊哭一邊打著自己的頭。

時間約是下午五點鐘。直到隔天早上出門上學之前，我都沒有離開房間。

我媽就如同以往一樣在屋裡。我們沒有說起前晚發生的事情，一切彷彿回到正常。

畢業舞會當晚，我穿上了那套紫色西裝。蒂芙到我家前門跟我會合，她的父母開著家裡的骨董車要送我們前往會場。我送給蒂芙一朵胸花，她輕吻我的臉頰以表達謝意。我們就這樣在彼此的父母面前完美的演了一場戲。蒂芙穿的是一套深藍色的晚禮服，我則挽著她；我們就這麼肩並肩站在一起，看起來就像是塊瘀青。

每個人看到我的西裝都笑了，我也跟著笑開了。我表現得趣味橫生而且活力十足，假裝出很高興的樣子。原本我就預定要跟媽媽跳一、兩支舞，牽著她的手繞著舞池跳。當其他人的媽媽眼睛裡泛著淚光，我和媽媽卻是尷尬地虛飾作態。

接著我與蒂芙一起跳舞。我穿著一套寬大的紫西裝，扮演著狂人的角色，領著被我辜負的前女友與憎恨我的媽媽翩然起舞。這實在太蠢了，我也實在是個大笨蛋，我從未如此刻般深感自己是個騙子。

我一直期盼與媽媽再次溝通對話，但是卻始終沒有機會。學校生活和家庭生活就這樣持續著；演戲狂大衛仍舊如火如荼地演出。

接下來，就在學校生活結束的前一個月，也就是期末考的時候，有一天有種明確的頓悟如同冷鋒向我襲來。

如果起床的話，我可能會就此死去。

我感到自己全身從頭到腳都癱瘓無力。

08 醫生和憂鬱症

Doctors and Depression

當然，這樣的情況其實已經好一陣子了，我的全然崩潰，不過是時間早晚的問題。

這些年來，演戲狂大衛並沒有辦法唬弄我的父母。在家的我是另一個人，每天放學回家後，我都感到整個人被掏空了，精疲力竭，我會把自己關在房裡，看好幾個小時沒有營養的電視節目。在這樣的狀況下，我根本沒有動力去做些什麼或說些什麼；我通常只有被喊去吃晚餐時才會起身。我會安靜地坐在餐桌，扒了幾口飯菜後，說著自己不餓，又回到房裡待著。

在因爲瑪莉的事而看過家庭醫生後，媽媽不斷要我再去看別的醫生，可是我就是不想妥協。

「我沒事。」我堅持，甚至這樣瞞騙自己。我認爲這就是我自己正常的樣子。我確實不會說自己是個快樂的人，說穿了我根本不覺得自己可以快樂起來。

此外，我不是沒有看過心理醫生；事實上，在上中學之前，我就看過好幾位心理醫生。

「你知道的，憂鬱是沒有關係的。」她手放在我的膝蓋上，並看著我的眼睛說。她是個年輕貌美的心理醫生，將頭髮向後紮成馬尾，身上穿的衣服不花俏，而且不會給人威脅感，全身散發著一股善意。整間辦公室像個崇尙心理健康的祭壇：空間以溫暖的紅色系爲主，搭配著棕色學院風的皮革沙發，牆上則掛著一張地圖（我去過許多心理醫生的辦公室，實在不懂爲何這些人著迷在牆上掛上古老的地圖，難道心理醫生在閒暇時是復古風的水手嗎？他們應該知道可以買得到新的地圖吧？我不由得想像他們在郊區迷路而對著古老卷軸大喊：「天殺的，北方是在哪一個方向？北方到底在哪啊?!」）。

順帶一提，那時我才十歲。

「你不需要爲了感到悲傷而心情不好。」她繼續說道。

她的話聽起來像是要唱歌一樣。

「妳說話有押韻耶。」我笑著說，她也報以微笑，可是我卻在其中察覺到了憐憫——相當輕微且動作很小，只是輕柔地對我點頭示意。

「覺得憂鬱是不要緊的。」她重複說了一遍：「大衛，我的意思是你才十歲卻已經經歷了很多事情，對吧？兩個弟弟都有亞斯伯格症，你在學校受到同學捉弄而且交不到朋友，你的爸爸和媽媽也都在服用抗憂鬱藥物，所以你覺得悶悶不樂是不要緊的，你知道吧？」

「喔……謝謝……」我遲疑地答道。我等著她繼續這樣說下去：「你的運動神經也爛透了；你很快就要去上中學了，那將會是一場夢魘；你不知道有沒有上帝，也不知道生命有什麼意義，還有——噢，天啊！」她說完後就哭了出來，轉身跳出窗外往下墜，只見地上散了一地的玻璃，她就這樣死在樓下的柏油路上。我會冷靜地走出她的辦公室，告訴接待人員，我的心理醫生已經自殺身亡，然後對著在候診室的媽媽說：「看吧，我就告訴過妳會發生這種事。」

當然，這些都沒有發生。我這樣想像這位善良的女士其實是不公平的，她不過是想讓我知道自己是有權感到悲傷的。即使是那麼小的年紀，不知為何，我知道自己只要在有人詢問時回答「我沒事」，一切就比較沒那麼麻煩。我固執地否認內心眞正的感受，才導致我來到這個房間。我其實並不好，而那是許多因素造成的。

悲傷是一回事，憂鬱又是另外一回事。我患了臨床憂鬱症。幾年前，當時我七歲，有另外一位心理醫生這麼告訴我，我才知道的。

那時我就讀小學三年級，出現了正常七歲孩童不會有的焦慮，也可以說是徹底的偏執妄想。

只要爸媽留我獨自一人在車子裡，就算只是兩分鐘，我就會認定他們一定發生了什麼可怕的事，想像著他們被人綁架或殺害，就算他們安然返回，我也不相信他們真的安全無恙，我堅信回來的是假冒頂替的人，他們殺害了我眞正的父母，然後套上他們的外皮回來騙我。我不記得自己是否表達出這些恐懼，畢竟我根本無法確定眼前的雙親是我**真正的**父母。有時我會控訴他們想要毒害我——爸媽必須耗盡心力才能平息我的怒火。

如果我陰錯陽差地看了電視新聞，我就會立刻相信我的家人注定要遭受在電視上曝光的每種悲慘命運，核災、火災，謀殺和搶劫是最常出現的恐懼。這讓我難以入眠。

媽媽和爸爸因而帶我去看心理醫生，他跟我說了關於「壓力」的問題。「壓力」對我來說是個新名詞，在年僅七歲的我心中，它讓我變得與眾不同。在隔周的看圖說故事時間，我就在全班面前解釋了什麼是「壓力」，以及自己為何有時會有壓力，我甚至向大家說明心理醫生給我的一些紓壓工具。我那些七歲的同學對這個問題似乎漠不關心。我只記得老師臉上掛著笑容，那跟幾年後另外一位心理醫生對我笑的樣子一模一樣，她在我指出她說話意外有押韻時就笑了出來。這樣的笑容有這種意味：「我不知道該如何回應這樣的訊息。這個死小孩是誰？他這樣對嗎？」

我對自己有了新的認識，並且想要與人分享，壓根就沒有想到自己不應該和全班同學談論自己的心理健康問題。不過，我在那一天了解到這點，畢竟說完後沒有人給我回應。

診斷我有壓力問題的那位心理醫生叫拉克蘭，他是早期我爸媽送我去看的醫生，七歲的我很崇拜他。你想想，有人就坐在那裡完全聽我說話……**整整**一個鐘頭？他就只有坐著問我問題，並且**想要聽到**我的回答。那實在是讓人感到驚奇。

跟拉克蘭對話很快就挖掘出我嚴重低落的自尊心。我在學校裡持續被霸凌，並且開始相信整個世界都在懲罰一無是處的我。

拉克蘭和我的父母相當明智，讓一個有憂鬱症的焦慮小孩服用迷幻藥很令人擔心，因此他們尋求不同的治療策略。拉克蘭給了我一本練習書，那是我的「正面思考」書，只要事情完成了，就要加以肯定，並記在這本書裡。

說實話，我只記得那本書的封面。我用亮紅色的色紙把書包了起來，並且在前面黏上了迪士尼卡通《阿拉丁》（*Aladdin*）裡的神燈精靈，和電影《心靈捕手》（*Good Will Hunting*）裡羅賓・威廉斯（Robin Williams）的劇照。我相當欣賞羅賓・威廉斯的藝術才華，不僅可以呈現外放、喜樂和滑稽，更能夠演出陰沉、低調和孤寂。我記不得自己在那本書裡寫下什麼，也不清楚那種作法是不是眞的起了作用；不過，應該確實產生了一些效果，因爲我有段時間都不需要再回去看拉克蘭。

我在學校很容易成爲別人欺負的目標：我的體育爛透了，而且經常被誤認成外國人。我的膚色比較深，在尚未進入青春期前就長著令人驚訝的濃密毛髮。許多同學都堅稱我來自英格蘭，即使我的家族好幾代以來都是澳洲人了。

「可是你說起話來就像個英國佬！」他們會一臉厭惡的這麼說。我的用語是比較講究的英文，他們則是用方言的「下流蠢蛋」來指責我。在他們眼中我是個女孩，是個同性戀（雖然最後我也是這樣看待自己），我穿的衣服不對勁、也說不對勁的話，說穿了就是一個不對的人。

我的失眠後來演變成嚴重的問題，有將近十八個月，我幾乎沒有睡覺。我在夜晚養成了一套儀式，在努力入睡幾個小時之後，我會在半夜時到廚房哭上半個鐘頭，接著才又回到床上。這樣的狀態持續了好幾個月。爸媽嘗試了各種方法，有時候，媽媽會出來做些吐司，或者是給我一些她特地藏起來的巧克力；其他時候，她和爸爸會忽視我的狀況，既不多加討論，也不理會我尋求注意的哭聲。我不知道到底是怎麼一回事。他們確實是用盡了一切方法。

由於受到霸凌而且一直爲此煩惱，媽媽、爸爸和我定下了一句座右銘：「我幹嘛要在乎別人的想法？」一旦我在課堂被同學嘲弄，或被推倒在遊戲場的沙堆上，我就會不斷對自己覆誦這句話，這樣做確實有幫助。我對此感到驕傲，那可以說是我自己小小的「正面思考」課程。

我們後來又去見了拉克蘭，我向他解釋了自己吟誦的眞言。

「唷，很好。」他說：「可是這是短期還是長期的對策？長期下來管用嗎？」

「這樣啊。」我隨即洩了氣。媽媽氣極了。這個保持心智健全和自尊的家庭小練習就這麼被打槍了。在此之後我們就不曾去見拉克蘭。

老實說，我早已記不得在拉克蘭之後的其它心理醫生。到最後我就放棄了，取而代之的是青少年的固執。我再也不去看醫生，畢竟我是**沒事的**。

媽媽爲此對我叨唸了好幾年。我可以好幾天不吃飯、好幾個小時不說話、好幾個晚上不睡覺。當她好不容易抓我去見了家庭醫生，看診不到兩分鐘，對方就下了「他沒有憂鬱症」的診斷，我後來用它當了好幾年的擋箭牌。

等到上了高中之後，對於去看醫生或見心理醫生這樣的事，我都視爲是個人的挫敗。作爲一個頂天立地的男人，意味著要挺起胸膛而不徵求外援。焦慮、緊張或是無法抑制的悲傷，都是一種女性化的失敗表現。對於瘦弱的身材，我無計可施，那是我身體虛弱的明證；不過，我卻可以輕易地把內心隱藏起來，在每一個我洗澡、刷牙、沒有吃早餐就走出家門的日子，我會戴上一副充滿自信的年輕男子的面具。然而，我的內心卻因爲壓抑著眞正的感覺而變得更加糟糕。

我們很容易低估自我否認的威力，但是我卻說服自己，告訴自己絕對沒事的。我相信我自己快樂極了。

換個想法絕對會讓人感到分外恐懼。就算只是考慮一下自己需要幫助，這樣的想法似乎就意味著我要接受自己可能是同性戀、壞朋友、爛男友、沒有領導能力或責任感、是父母的負擔、對弟弟們有著不良的影響，也就是要接受自己基本上可能就是個一無是處的人這件事。

可是這場仗我總是會輸。負面思想生瘡化膿，且蔓延擴張，開始以我料想不到的各種方式表現出來。我的免疫系統也受到波及，常常生個小病就會病上很久。我感到精疲力竭、厭煩噁心和內心空虛。

自我否認多年的結果，就是讓恐懼癱瘓了我，因而無法起床。從我中學要畢業的幾個星期前就開始發作了。

09

起床 Getting Out of Bed

我躺在床上看著天花板。

我某部分的腦袋正嚴厲地對我說話。

「如果你離開這張床，你就會死掉。」

我感覺整個身體很沉重，像是就要陷入床裡一樣。我可以聽見早晨的聲音：媽媽在縫紉機上敲打、屋外的鳥鳴、電視新聞播報的咕噥聲。整個世界完全正常運轉，可是我的腦袋出了毛病，不斷告訴我今天很危險，極有可能會致命。我就是沒有力氣起床。

不過，我另外一部分的腦袋知道這個想法很荒謬。它告訴我，我不過是軟弱愚蠢，而且過於戲劇化而已。我需要起床去沖個澡，然後出門上學。我比這部分的自己更加強壯。

我小跑步去了浴室，希望自己的腦袋跟不上身體的步伐。我抬頭看著熱水，讓熱水如瀑布般沖淋整張臉；然而，這並沒有使我放鬆下來，水流反而像針一樣刺著我的肌膚，我的胸口開始緊縮而且無法呼吸。整個淋浴間似乎變得狹小了，四面的牆開始往我靠近並且變形，只見浴室方形的磚片變成了圓形，排水孔也顯得遙不可及。我覺得自己快要死了。

我不知道自己正在經歷的就是恐慌發作；整個發作過程在一分鐘內就過去了，但是卻立刻讓我感到精疲力盡。當我從浴室出來擦乾身體時，心裡多數的噪音都離我而去，取而代之的是一種無法逃脫的絕望。這種感受有如鉛一般沉重，彷彿要把身體的每一個原子都向下拉。我開始想把自己往地底埋，這樣才能感受到土壤的溫暖重量壓在我身體上所帶來的舒適自在，而且我可以處於絕對的安靜之中。

與此同時，我卻感到空虛。我既不悲傷、也不憂慮，但是也絲毫不覺得快樂或輕鬆。我覺得自己好像失去了情緒和感知，彷彿就連用來擠出笑容的一絲力氣也會撕裂自己的內心似的，我會因此而倒下死去。

告訴爸媽我不要去上學之後，我就回到床上。我真的是無法再奮戰下去了。

接下來的兩個星期，我大部分的時間都待在房裡，腦海中浮現的主要就是自己的性向問題——關於自己對男人著迷的無止盡困惑。

我不認爲雙性戀是個選項；我相信在別人的眼裡，當個雙性戀可是比出櫃當同性戀來得更變態。我不斷重新演繹著自己曾經與所愛的人的每一次對話，想要探究自己是否可以推敲出對方對於我出櫃的反應。我很確定他們都會離我而去，賽門尤其會這麼做，他經常告訴我跟同性戀相處的不自在，他認爲同性戀都「當面讓你難堪」。

在我成長的那個年代，與同性戀有關的文化語言才正要成爲主流。我的生活裡沒有《歡樂合唱團》（*Glee*）裡的克特（Kurt）[16]，艾倫·狄珍妮（Ellen DeGeneres）也要再幾年後才會開始主持脫口秀。當時是二〇〇四年，我對於同性戀如何生活的

16 《歡樂合唱團》是美國電視影集，克特是其中的一個主要角色，他是個同性戀男學生。

主要資訊都是來自於實境秀節目《酷男的異想世界》和電視影集《威爾和格蕾絲》（*Will & Grace*），這兩個節目中都有滿口大話的浮誇同性戀人物。

我眞的注定要成爲這樣的男人嗎？是否眞有必要展現我的性取向來作爲我的人格基礎？我的烹飪技巧拙劣，我發現想要處理青春期茂盛的鬍子怎麼那麼難，我僅有的時尚就是那一套紫色阻服裝。這一切都證明了我是個很差勁的男同志。我很害怕自己因爲不符合電視裡看到的同性戀典型，而被同志社群拒於千里之外。

《威爾和格蕾絲》是個相當成功的美國電視影集，其中有兩名主要角色是男同志。這個影集聚焦在威爾和格蕾絲親密的友誼之上：威爾是個男同志，格蕾絲是個異性戀女子，他們兩人一起住在令人讚嘆的紐約公寓裡，過著美好歡樂的生活。對於當時的我來說，威爾是唯一一個不會太浮誇和女性化的男同志角色。威爾是律師，他生活中多半都是與異性戀共處，其性向在影集中幾乎不曾是個問題。傑克是威爾最好的朋友，可以說是男同志的荒謬刻板印象的具體化身。傑克不只像個大白癡，更是性生活相當豐富的角色。

這也是同性戀文化讓我感到困惑的另一層面：難道單一伴侶在同性戀關係中屬於少數？是否我會被期望要有多重伴侶？我最終的伴侶是否在與我維持關係時還會

期望可以跟別人上床呢？

令人沮喪的是，幾乎沒有什麼資訊可以回答我的疑問，我也害怕到不敢尋求他人的幫助。我的爸媽除了會漠視我是個同性戀之外，完全沒有徵兆顯示他們會有其他反應。儘管如此，我很確定他們會就此排斥我，畢竟我讓他們失望了。我堅信整個世界都在與我對抗。

在《威爾和格蕾絲》早期的某一集中，傑克被迫在對母親隱藏性向多年後要坦承出櫃：他的母親一開始很震驚，後來則是慈愛地接受了。我正巧在某個晚上播放了那集感人的節目給媽媽看，媽媽看完後沒有任何反應。就在我們的沉默中，顯然她可以看出我的腦袋在想些什麼，但是我讓爸媽很難開口跟我說些什麼。即使只是一些簡單的請求，我都只會回答令人沮喪的牢騷抱怨。我在家裡是一股不會消失的憂鬱力量，別人接近我我就會大聲怒吼。我爸媽在別無選擇之下只得不要打擾我；他們不這麼做的話，我可能會採取如同無數青少年一樣的手段：離家出走以尋求對於自身困惑的慰藉。

或許在一日將盡之際，喝杯酒可以讓我稍微冷靜下來，可是連這樣的念頭都讓我感到害怕，畢竟可能喝到酒醉，而且醉到無法控制假裝我一派正直的形象，這實在太冒險了。我還沒有沾過酒，也沒興趣改變這樣的情況。

隨著時間過去，從色情影片和許多電視節目之中，我勾勒出了同性戀該有的樣子，那就是意味著我必須要生活淫亂，要造訪澡堂、公園和公廁進行「熱烈的性愛」。這樣的念頭讓我有點不舒服，可是我相信自己可以慢慢習慣的；只要想想我身體裡作亂惡搞的荷爾蒙，如果可以紓解我的性欲，我也樂意跟一袋麵粉發生關係。除此之外，我還要機智、敏銳和嘲諷他人，這對我來說完全沒有問題，畢竟我早就行之多年了。這樣的角色性格讓我得以與任何的親密關係保持一定的安全距離，我相信這對個人安全是很重要的。

不過，勾勒出的這幅圖象最迷人之處在於我可以成為女孩們最好的朋友，我可以跟女孩有情感上的親密關係，卻不需要和對方上床。如果我是同性戀的話，女性同胞就不會想要從我身上獲得友誼之外的東西。倘若吸引力不再是個問題，我與女孩的關係就會變得極為簡單。最終我可能找到最好的朋友，也就是姐妹淘之類的，她是我倚靠和談天的對象，而不會情陷浪漫關係之中。這樣的念頭讓我大大的解脫了。大致上來說，我發現跟女孩當朋友要比跟男孩當朋友來得容易許多。假如有事物可以增進我與女孩的友誼，那就是大加分。

可是……我可以想像自己與女人上床。那麼其實我還是異性戀吧？

我對運動很不在行，一直以來都是如此。

我對戲劇有興趣，而且偏好古怪的歌舞劇。

我會噴古龍水，也會穿色彩繽紛的衣裳。

最大的罪過是，我還是會被女性吸引，卻害怕跟女性產生浪漫關係。

我被男性吸引且對他們有著幻想。

我在心中忖度這些事實，自己似乎別無選擇，只能當個同性戀。

這實在是讓人害怕。這是不是表示我要出入夜總會，並且多少要了解一下身體亮粉這種東西？難道我要學著喜歡迪斯可音樂，並且讓手腕內側鬆軟垂下？我是否應該要穿戴著有羽毛的衣飾，而且口齒不清地叫嚷著像是「嗨，親愛的～」這種話？

在恐慌發作的幾個月之前，我暗暗地告訴自己。如果我在一個月內還是會被男性吸引，而且找不到喜歡的女孩子，那麼這就表示我是個同性戀。一切就這麼決定了。可是隨著一個月的時間過去，我延長了兌現許諾的期限，確信自己會得到更多的訊息，只可惜什麼也沒有發生。

在夜晚，我清醒地躺在床上，在腦海中以謊言編織出豐富撩亂的幻想：我會逃離所有認識的人，以便躲避這個問題，切斷自己所有人際網路，重新開始；我會找到一位女孩，打造一個家，我們會有小孩，然後我就會沒事了，那是多麼美好的生活……

直到清晨破曉，我仍舊動不了。

最後我只好在家裡待了兩個星期，這段獨處時間反而讓自己無助的狀態顯得異常清晰。

雖然還沒有做好去看醫生的準備，但是在電視節目、《星際大戰》和《哈利波特》（*Harry Potter*）等自己喜愛的經典老電影、以及英國蘇格蘭喜劇演員比利・康納利（Billy Connolly）的喜劇裡，我找到了治療自己的方式。不論是你是否相信，我在生命最黑暗的時刻，確實在某些節目和喜劇演員身上獲得了慰藉。我會一動不動地坐在沙發上瞪著電視。喜劇演員比利・康納利、艾迪・伊扎德（Eddie Izzard）和約翰・克拉克（John Clarke）都在不同的時刻幫助我起床。喜劇是有效的抗憂鬱藥物，說穿了，那就是喜劇演員的工作。

因此，在別無他法的情況下、經歷浴室裡的第一次恐慌發作後，我在兩個星期以後回到學校上課。我已經稍微可以接受自己是同性戀了。在家休息的時間讓我有足夠的力氣度過學期末的兩個星期，我戴好自己的面具，再次投入了學校的毒沼裡。

不然我又能怎麼辦？

我開始工作，全心投入自己可以做的事情當中。中學十二年級的最後階段就在令人暈眩的活動裡過去了，我身邊的同學經常崩潰哭泣；這是我們生命裡悲喜交織的一段美好時光。我們就要離開這個我曾經懼怕的所在。我們正處於邁入成年的浪頭上，開始省思、祈禱和歡祝。

依舊處於賴在床上的休克狀態的我卻毫無感覺。不管如何，演戲狂大衛存活下來了。不過，每天結束時，我的腦海常會浮現一個問題，那就是：假如學校的人知道我是同性戀，他們會不會接納我？

在十二年級最後的某堂英文課上，我坐在莫妮卡的旁邊，她和我修了一堆相同的課，因為這樣我們彼此還滿熟的。我與莫妮卡可說是南轅北轍：她充滿自信、性生活活躍、並且完全不在意他人對她的看法。我們並不是最佳密友，但是她絕對是我的夥伴。

我們會談論她長期交往的男朋友，以及他們兩人交往過程中的一連串麻煩——每個最新發展都似乎比前一個麻煩要來得更讓人傷神，但是年輕的戀人很快就會將之遺忘。我完美地扮演了朋友的角色，不僅相當支持她，也會不厭其煩地提供意見。然而，我的內心卻訝異於這樣一段關係的持久和熱情，那就是我熱切渴望擁有的東西。

「我們的性生活棒極了。」她對我說。

我只是發出一些普通的聲音來表示聽到了。

「大衛，你是哪時候破處的？」她極為坦誠地問我。

噢，老天。大衛，你該如何回答這個問題呢？我的腦袋裡閃過了幾個念頭，但是沒有一個是說得通的：

我爽朗地笑了，並眨眼說道：「我何時**沒有**破處呢？」（我在說什麼啊？這句話的意思是什麼？）

我也可以把握這個時機作為調情的機會，擠出我最佳的笑容來回應，「這樣啊，那麼妳接下來的五分鐘要做些什麼？」

我也可以翻桌對她大喊：「妳**他媽的**才處男呢！」然後就跑出教室。

這些選項似乎沒有一個是可行的，我乾脆地說出了殘忍的眞相。

「我……還……沒有做過。」

「**什麼?!**」她突然高分貝的脫口尖叫：「大衛，你也錯過太多了吧！」

我們四周的學生都不禁皺起了眉頭。我覺得很難爲情，趕緊要她小聲一點。

在這個時候產生了個選項，這是我出櫃的理想時機。我在腦海中盤算著一切。不可否認的，莫妮卡是個自由派和性開放的女孩，她並不是我特別親密的朋友，就算我因爲這個告白而失去她，這當然損失重大，但是卻不至於讓我心痛欲絕。唯一眞正的風險，就是她可能會把事情張揚出去。

在我想太多之前，我拿了枝筆在她那一邊的紙上寫下了小小的告白。

「事情是這樣的，」藍色的潦草字跡寫著：「我覺得自己可能是同性戀。」

她讀了我的告白後，抬頭看著我，一臉驚訝但很快地點點頭。接著我就用筆把這些字狂亂地劃掉。這麼多年以來，這是我少數誠實面對自己情感的時刻，整個過程讓人感到害怕。

「那我就懂了。」她說著，隨即又訝異地問我：「你還好吧？」

我笑著點點頭：「沒事啊。」

「我不會跟別人說的。」

「謝謝。」

「你有喜歡的人嗎？」

我笑著回答：「沒有耶，我是說真的。」

「等你上大學後，就會有一**大堆**的對象了。」

我聳肩說道：「可能吧。」

接著我們又繞回去談論她的男朋友了。

莫妮卡真的是最棒的。她是個讓人安心的人，不僅沒有把事情說出去，而且還是一如往常地對待我。她真的是非常正面的人，除非我已經對此做好可以開玩笑的準備，否則她是不會拿來開玩笑的。這讓人感到安心。

我理解到，自己低估了周遭人的善良，以及他們對我身心健康的關懷。這個世界實際上遠比我想像中要好上許多。

在快要畢業的幾個月裡，我逐步地向自己更多的朋友出櫃。每出櫃一次，下次出櫃就變得更容易。我則沉浸在一種難以置信的感受中，沒有朋友在我出櫃後逃開，根本沒有人在乎我到底是不是同性戀！

不過，我還沒有跟媽媽、爸爸和賽門出櫃，他們的反應是最令我害怕的。就在十二年級的最後幾個月，我以演戲狂大衛的角色在學校做了完美無瑕地的表演。在家裡的時候，我是個沉默的憂鬱影子，毫不掩飾地憎恨著自己。對於畢業後何去何從的茫然讓我感到害怕，並且確信自己會因而墜入虛空。我實在很悲慘，好不容易才對幾個朋友打開心胸，我們卻將在不到幾個星期後各奔前程。

當然，還有另外一件小事：我必須決定自己之後要如何過完一生。

幾年前，當瑪莉和寇茲夫人離開之後，學校的辯論隊也就隨之停擺。賽門變得相當重視成績，他因此不再參加課外活動，認爲課外活動不過是讓人分心的事情。

我高年級時有法律課，因此我開始參與模擬法庭。所謂模擬法庭就是爭辯假的法律案件，這是設計來培養有前途的律師人才的，進行過程類似辯論，但是卻有較爲複雜的規矩。每個案件都需要花上好幾個星期的工夫準備，包括要閱讀其他法律案件來作爲司法先例的參考。我喜歡模擬法庭需要深入研究的那個面向，也喜歡最終開庭時需要臨場應變這件事。法官可以隨時打斷案件的進行並提出問題，這迫使我們必須知道案件的所有細節，而且要能夠用法律專門術語來加以駁辯。

我在十一年級時是初級出庭律師，十二年級時就成了資深出庭律師；我的這兩個角色都獲得了州立最佳獎項。模擬法庭的過程由一流的頂尖大學來執行，它頒發的獎項讓我得到些許關注。一天，我的模擬法庭教師把我拉到一旁說話。

「大衛，你知道的，」他開始說著：「獲得一些像這樣的獎項，幾乎同等於保證你能拿到獎學金。你可以成為優秀的律師。」

「噢，」我覺得驚訝：「謝謝，我還眞的沒有想過。」

「你應該要想一想的。你要是放棄這樣的機會就太傻了。這是學習法律最好的大學，可以為你帶來**賺大錢**的職業生涯。」

當時的我還沒有想過自己未來的確切細節。我是有些計畫，但是這些計畫都很含糊籠統；即使我的師長和同學都不停地問我：「你畢業之後要做什麼？」

早在剛進中學的那個時候，我就問過賽門長大後要做什麼。我只是半開玩笑地隨口問問，想不到他卻說了自己要加入國軍的十年計畫。在十三歲的時候，賽門就已經很清楚自己要選修什麼科目，而且知道自己在每次考試中需要拿到怎樣的成績。如此過了五年，賽門的生活按照計畫如期進行，我卻對自己的未來渾然不知。

法律似乎是個合理的選擇，裡頭結合了人際關係、溝通和解決問題的層面。法律課很有趣，我的多數同學都與我同班上課，我對這個科目也相當在行。況且我極有可能拿到獎學金，因而不需要負擔升學的財務花費。此外，《威爾和格蕾絲》裡的威爾是個律師，我因此知道同性戀也是可以當律師的。這是個顯而易見的選擇。

相當諷刺的是，雖然我去看心理醫生的經驗都不太好，我卻也對心理學有點興趣，其中最讓我著迷的就是人類心智的運作方式。能幫助我媽、蒂芙和瑪莉（以及我自己）等有憂鬱症的人，這似乎是個高尚的職業，而且我覺得自己會做得很不錯。如此一來，我就可以善加利用自己想要幫助他人的無窮動力。

此外還有戲劇。

我知道可以在大學裡學戲劇時相當震驚；我可以讀「戲劇研究」。我對「戲劇研究」一無所知，但是聽起來卻讓人雀躍不已。這是通往戲劇教學的途徑。不知道爲什麼，當我意識到自己或許可以教戲劇時，感覺非常開心。成爲如同寇茲先生和寇茲夫人那樣的人，就意味著每年都會寫戲和製作演出，要在戲劇教室待上好幾個小時，而那可是地球上我最喜歡的地方。

我研究了一下讀「戲劇研究」是什麼意思，也因此了解了這個演戲和表演的學位。

只要演戲的學位？三年的時間就只是**表演**？接下來就可以當電影、電視或劇場演員？

終於到了要填寫大學申請表的時候了。我們把會用到的紙本攤開，爸媽坐下來與我一同閱讀大學申請指導手冊。

「你有什麼想法？」爸爸問我。

「劇場。心理學。法律。」我答道。爸爸和媽媽對我的答案絲毫不意外，點了點頭。

他們接著做了一件我後來才理解到這完全不尋常的事。

他們帶著溫暖的笑意說：「就選會讓你快樂的科系。」

我按照他們的建議圈選。我必須要填入六個志願。我把心理學放在最後兩個志願、法律放在中間、表演和劇場放在最前面。

在提交申請表格之前，每一位高年級生都需要與學校的顧問共同審視自己喜歡的志願。我帶著填好的申請表格去了顧問的辦公室，跟一個素未謀面的，性情溫和的中年婦女談論自己的選擇。

「很好，大衛，讓我們看看你選了什麼。」

我遞給她我的申請表格。

「很好，我看到你的前兩個志願是戲劇。但是戲劇系畢業後可能很不好找工作唷。我想念法律是最好的選擇。你的成績很好。就這樣辦吧。」

她拿出了一枝紅筆，當著我的面把申請表上的戲劇選項劃掉。

我熱切地點了頭。「眞謝謝妳，」我說：「妳說的很對。」

等到一踏出辦公室，我就把那張申請表丟到垃圾桶裡。

愚蠢的賤貨。

現在，我**肯定**要去讀戲劇系了。

10 如何熬過中學的最後一年

How to Survive Year Twelve

想要從中學畢業，得要經歷比申請殺人執照的手續還要繁多的慶典和儀式。在約兩星期的時間之中，我們有畢業旅行、惜別晚宴、畢業演說、學生領袖交接、頒獎之夜、畢業彌撒、高年級學生領袖彌撒、以及獻給奧林匹亞神祇的羊隻和舞蹈祭典。

在我們最終重獲自由、奔向世界恣意放肆之前，學校安排我們參加最後一次的營隊。這趟畢業旅行是感性的三日之旅，是校方精心安排的省思時間，說白了就是每兩分鐘要使用一次「旅程」之類的字眼說話。

我們被分成不同的「親密分享」小組。一開始，這些節目完全吸引不了身爲一般青少年的我們的注意。但我們早就習慣任人擺佈以及被告知要反省和禱告，我們不覺得那有什麼大不了。然而，在發生了一些事情之後，我們的觀感隨之改變。

首先，有一些老師與我們分享自己的生活經驗。他們站在大家面前述說了自己在青少年時期的掙扎，他們的人生顯然充滿了難題，比起我自己的麻煩還要難以處理，我感到相當震驚，內容觸及貧困、家人死亡、流產和虐待。我從來不曾想過身邊的人其實也有自己的難題需要處理。不過，如今中年的他們談起這些經驗時，卻展現了過人的韌性。我完全無法理解——他們如何還能夠笑著站在這裡？他們是怎麼走過來的？現在的他們看起來都很正常，有著伴侶、小孩和一份規律的工作。

我卻還是不相信自己的人生會有同樣的命運。不管怎樣，我都覺得自己的未來注定會不快樂和不正常。

我沒有跟小組分享這個想法。我的防衛心太重。

不過，有其他學生開始敞開了心扉，雷就是其中的一位。

雷，愛起司的雷是我至今離棄了四年多的朋友。當我爬上學校的社會階級階梯之後，雷卻還是留在底層的圈圈裡。他說話遲緩，並且經常打斷課堂的進行，是許多人白眼看待的對象。他的衛生習慣不好，同學顯然不想跟他坐在一起。他只會談論起司、《神奇寶貝》和《王牌大賤諜》，那樣的話題一開始可能很不一樣，但是新鮮感很快就會過了，也就沒人想搭理他了。

雷在這趟旅程所屬的小組中，坦誠自己對畢業後的生活一片茫然，他也承認自己曾經企圖自殺。

最糟的是我對此竟然一點也不訝異。我想到中學第一年，賽門對他如此蠻橫無禮而我卻背棄他的那段日子，就深深感到內疚。只是我的愧疚來得太遲。我們再過幾個星期就要畢業了，現在做什麼都不可能彌補雷過去五年來默默承受的痛苦。

在畢業旅行的最後一晚，每位學生都收到了一份禮物：親朋好友祕密寫下的一捆信件。我從包裹裡取出了親戚和爸媽寫下的溫馨短信；這些文字感人風趣，有些字句甚至讓我不禁潸然淚下。

「世界上有許多如何做人的說法，可是多半都狗屁不通。」爸爸寫著：「眞正重要的是你的品格。噢，是上帝的恩賜吧，你的品格不錯呢。」

「你是個很棒的哥哥，」媽媽寫道：「雙胞胎的生命裡可以有你，實在是相當幸運的事。」

我十分錯愕。我花了那麼多時間思考爸媽爲何不愛我，或是想著他們爲什麼無法了解**真正**的我。然而，我卻沒有多花時間去注意他們的感受。知道自己其實有人關愛的時候，我真的很驚訝。

旅程中的一連串活動讓我回頭省思過去五年的中學生活。多年來，我不斷告訴自己充滿艱困和創傷的可憐故事（我是個糟糕的男朋友、霸凌的受害者和失敗的人），而不再這麼想之後，這一切都開始改變。我其實並不如自己想的一樣孤單地活在世界上。縱然我始終堅持自己「沒事」而不需要他人幫助，但我其實很幸運一直都有人伸出援手。

整個中學生涯裡，有幾個老師一直很照顧我。有人在我知道瑪莉的問題時給予意見，並且定期詢問我在家裡的狀況；寇茲夫婦盡其所能給我一個他們認爲是我應該得到的機會；還有許多老師也竭盡全力給我所需的工具以便擁有更明亮的前景。而最終不得不提的就是爸媽的信件，那證明了他們願意且樂意幫助我度過人生的轉折。

在中學生活裡，我一直覺得自己是孤立無援的，以爲自己是單打獨鬥地面對困難。我不斷地告訴自己無處可去且無人可靠，殊不知這正是焦慮或憂鬱的心靈所造成的最大誤解。我以爲自己是孤單的，卻不知道自己已經陷入了負面思想的牢籠。

我竟然是在將要失去學校系統和奧援之際，才恍然大悟。

「好，」男人說著：「讓我們看看你要表演什麼？」

站在我面前的是個身材宛如坦克般魁梧的男人，他對劇場**非常**認真，是我正在試演的大學表演科系的系主任。他缺乏高低起伏的聲調傳達出清晰的訊息。我是來這裡向他證明些什麼的。

我的當代台詞獨白表演選的是路易斯・諾拉《燃燒的瘋人院》中的道格[17]。道格是放火燒貓的縱火狂。說來簡單，我只要裝瘋賣傻就行了。我試著不要緊張，氣也沒換就急忙著唸獨白。

他在我演了四十秒後就立刻喊停。

「好，」他一邊說一邊向我走來：「我要你再演一次。」說完就拿起一根大棍子。「可是我要你演得再凶悍一點。」他不懷好意地到處揮舞那根棍子。「我要你演到我們都會害怕。」他拿著那根棍子看著我：「這是一個有威脅性的角色。」那真的是一根很大的棍子。「可以嗎？」說完後，他就把棍子遞給我。

有威脅性。還有什麼比這來得簡單？

我開始表演了。

這一次，只過了二十秒，他就喊停了。

「不對，」他搖頭說著：「你要讓我們看見你是控制一切的人。」他又走了過來，靠近我的臉說道：「不要退縮，展現出你所有的能量。」

「噢。」我突然領會到他的意思，我答道：「好，沒問題。」

就這樣，沒錯，要展現出來。我試著憋住我嚇到快要尿褲子的感覺。

我又開始表演。雖然這一次我演完了整段獨白，但是我可以感覺到自己的表演不是他要的，從他用力點頭和痛苦的表情就能看出來。

「很好。你的莎士比亞呢？」

我演了一段《亨利八世》（*Henry VIII*）。我整個劇本都還沒讀完，對自己說

17 路易斯．諾拉（Louis Nowra）生於一九五〇年，澳洲知名劇作家。《燃燒的瘋人院》（*Cosi*）為作者的半自傳劇作，一九九二年於澳洲雪梨首演，故事背景在一九七一年墨爾本的精神病院。此劇一九九六年被改編為電影。

的台詞一知半解，但是我還是硬著頭皮把它演完了。

「很棒。謝謝你來試演。」

連十分鐘都不到就結束了，我心裡有譜知道自己不會上表演系。我不太確定問題出在哪裡。這個試演的經驗與在學校的演出如此不同；要是在學校的話，我輕而易舉就能當上音樂劇的主角。那很可能是因爲與我同年級的男生沒有人想要演戲，可是我對剛經歷過的一切仍然感到十分震驚。

相當弔詭的是，表演是要跟一個人的眞正自我建立起一種非常眞實而且具體的關係。

我的機會又能有多大呢！

我幾乎沒有時間反省自己的失敗；就在不到半小時之後，我在走道上離此不到幾公尺的劇場研究系經歷了一次極度友善的面試。表演系的試演是在劇場裡舉行：那是個有壓迫感的大空間，階梯式的座位設計就是爲了能夠俯瞰表演者而使其心生膽怯。劇場研究系的面試則是在一間小型表演教室進行，一位愉悅輕鬆的女士歡迎著我的到來，她叫唐娜，我們面對面坐著談話。

「靠！」她一邊翻著一些紙張，一邊喃喃說道。「眞的很抱歉，大衛，我把你的資料忘在桌上了。我很快就會回來。」

她就這麼衝出了房門。我則因爲這段簡短互動而感到有點驚慌：

1. 有個老師在我面前說髒話，不是隨便說說的，而是用了適切且充滿意味的「靠」字。在我十二年的求學生涯中，過去五年就讀的是天主教學校，幾乎從來沒有聽過老師說髒話。唯一的例外是發生在八年級時，我的音樂老師爲了斥責一群男孩「發癲胡鬧」而不小心說溜了嘴，這個事件也因此成爲全學期的大醜聞。

2. 她竟然像個老朋友般地叫我大衛。我是帶著將被人評斷學術和戲劇能力的心理準備前來面談，但是她的態度卻似乎太過輕鬆，而不像是我所想的那麼一回事。

3. 我的「資料」包括了所有想要進入劇場研究系的學生都要寫的一篇短文，問題是我竟然還遲交。中學的老師一而再、再而三地警告我們，大學等級的機構不會忍受學生懶惰散漫的行爲，我很確信遲交申請資料是進不了這個系的。我只好在文章後面附上一份簡短眞誠的道歉信，懇請對方相信遲交眞的是突發狀況，完全無法代表我的工作倫理態度。我知道她很快就會看到那封道歉信而在回來後就請我離開。

4. 她竟然說髒話。靠。她竟然說了靠耶。

我的驚慌沒有持續多久。唐娜很快就回到了表演教室。她的面容和善，有著一頭非常濃密蓬亂的棕髮；她雖然只穿著寬鬆的灰色套頭毛衣和深色牛仔褲，卻顯得相當優雅；她的五官神韻漂亮，散發出十足的魅力。她問了我一些問題，並且仔細聆聽我的回答。我們甚至相談甚歡，彼此開懷大笑了好幾次；每次我們當中有人說了讓人發笑的事，她就會報以一陣隨性且深具感染力的狂笑。她讀了我附在文章後的道歉信，接著就微笑說道：「這很貼心。」隨後把道歉信放在一旁，再也沒有提過了。

我準備好要給唐娜看的是與先前的縱火癖表演截然不同的片段。爲了多展現一些比較符合這個科系口味的創作熱忱，我從東尼・庫許納（Tony Kushner）《美國天使》（*Angels in America*）中的普萊爾・瓦特（Prior Walter）的幾段台詞，創作出了一段獨白，那是我當時最喜愛的一個劇本的領銜主角（劇作裡充斥著掙扎於自身的性取向的各種角色）。

唐娜笑著看我表演，我們也在表演後做了深度對談。整個交流應該只有十五分鐘，但是我覺得談話過程感覺好極了。自此，我完全不想上表演系了，現在衷心盼望就讀的是劇場研究。

一星期後，正當學校學年結束之際，我滿心歡喜地收到了入學通知書。我的未來就這樣決定下來了，那就是劇場研究。我也馬上接受了。

兩個月後，我也收到了來自心理系和法律系的入學通知書，可是我早就不做他想。我知道自己做了正確的決定。

劇場研究的課程畢業後，還可以再修一年的教育學分。因此，如果眞如生涯諮商老師預測的一樣，我在大學畢業後一貧如洗而且無家可歸，我還是可以回到學校修學分，成爲戲劇老師。我對自己的未來要做些什麼可說是毫無概念，但是戲劇是唯一會讓我怦然心動的東西。

學校校長、老師和一些家族成員極力勸阻我踏上一條幾乎注定要窮困的道路，尤其是保證財務無憂的法律之途爲我敞開了大門。但是爸媽卻堅持要我選擇讓自己最快樂的道路（並且盡可能保留自己爲人師表的可能）。要不是爸媽的關係，我幾乎就會屈服在壓力之下，而被迫選擇一個看似極爲「合理」，卻比較不快樂的生涯規畫。

現在我想要告訴你一件教育界中大家都心知肚明的祕密。十二年級的學生被迫承受官僚體制下的無盡考試、數字和潮流，在現實世界中這些東西卻沒有什麼實質的意義。這些或許可以讓你在中學畢業後的幾個月裡馬上進入大學，但是除此之外就沒有任何好處了。你的一生不會因爲「A」和「B」之間的成績差距就此完蛋。

我對一些同學的行爲感到困惑。許多人只是因爲有人告訴他們，中學最後兩個月的成績表現攸關了**一個人未來的成功與否**，於是他們就在壓力和沮喪之下崩潰了。與其冒著被學校拒絕的風險，有些人覺得不要努力而乾脆認輸會比較容易些，因此試都沒試就舉手投降。

自從我從劇場研究系畢業之後，確實過了好幾個月的貧困生活。那時期充滿壓力，但是卻也因爲可以從事自己喜愛的行業而無比喜悅。等到熬過了那段時間，我也有了穩定的事業。

我也希望自己鬱鬱寡歡的日子在十二年級結束後就立刻終止，但是最糟的日子其實還在後頭。假如我是從事財務穩當但是精神層面無法滿足的工作，遇到了類似中學畢業後面臨的挑戰，我想自己很可能早就不在這個世界上了。

這眞的一點也不誇張，我可能早就死了。

十七歲的我對於自己是哪一種人有著千奇百怪的妄想。但是因爲爸媽的緣故，我還沒有笨到無法了解一條金科玉律：我不等於我的成績，我也不等同於我的職業。把自我認同等同於這些寫在紙上的數字，不只是對於浩瀚無邊的教育、更是對於眞實自我的一種侮辱。努力向上必然是好事，但是總是會出現一些無法控制的因素；失敗的經驗極其重要，但也是短暫如雲煙。

我很幸運，父母從我年幼的時候就教導我這些課題，我只希望自己能把他們的話聽到心坎裡去，並且懂得應用到生活的其他層面。然而，站在中學畢業的浪頭上，我其實對許多事情還是一點頭緒都沒有。

比如說，我還在尋覓跟我上床做愛的那個人。

11 出櫃 Out

在畢業後的幾個月裡，我的同學間發生了許多事。

一位欺負弱小的年輕人成了小爸爸。

一位明星級的鉛球健將被迫面對母親突然過世的情形。

一對中學的青梅竹馬訂婚了。

多數的同年級同學都沉浸在期末考後的成年禮狂歡派對之中。

我則是待在家裡，等著四個月後的大學開學。大半時間，我都是待在自己的房間，做的事情跟我在幾個星期前隱居時所做的並無二致；看了很多電視、冒出一堆黑暗的想法、跟外界幾乎沒有接觸。

媽媽又再次督促我去看心理醫生。我不吃東西，幾乎連動也不想動。反正沒有什麼可以用來殺時間，悲慘不堪的我只好照著做了。

我也因爲這樣而認識了蓋瑞。蓋瑞很酷，他不會把我當傻瓜一樣對待，而且牆上也沒有掛著老地圖。蓋瑞是搞樂團的，書架上還擺放著托爾金的書[18]。我覺得他有認眞在聽我說話，這眞的是我看心理醫生有史以來第一次的正面經驗，我也逐漸對他產生信任感，開始娓娓道來自己最迫切的癥結所在。

畢業前的幾個星期，我向一些同學出櫃，出乎意料的是他們都很支持我。不過，我仍遲遲未能跟最害怕面對的人告白。

我需要告訴媽媽、爸爸和賽門。即使我滿心憂慮他們聽完之後的反應，但是我覺得只要自己可以對他們坦誠，或許多少可以放下心中的重擔。

我也知道他們其中一定有人是無法諒解我的。

我在夜半時分跟媽媽出櫃了。

18 Tolkien，著名的英國文學家，代表作為《魔戒》等系列叢書。

我們徹夜長談了她擔心的一些問題；媽媽一直以來都抑鬱不樂，對此我是既沮喪又深感同情。這個世界讓媽媽受盡折磨，我只能盡可能地伸出援手。就在那個晚上，媽媽哭了，我們聊了好幾個小時。

媽媽哭到精疲力盡，於是起身準備上床睡覺。大約半夜兩點了，她再過幾個小時就得起床；媽媽喜歡在破曉時分整理花園，接著才會開始做一連串的例行家務。

當我們往廚房走去時，媽媽問我好不好。我聳了聳肩，沒有做出任何保證，就只是轉身向著她；還在客廳裡的她，從黑暗中望著佇立在廚房微弱燈光中的我，我當下就做了決定。

「媽，」我說：「我覺得自己可能是同性戀。」

她聽完點了點頭，並且幾乎沒有任何停頓地說：「嗯，沒有關係的。」我聽出了她的聲調上揚，那不只是試圖說服自己，更是迫切地要說服我。

「沒有關係的。」她又說了一次，語氣更堅定並且泛起了笑容：「我並不意外。」

接著我們就互道晚安各自回房睡覺。

我很清楚，不消幾個鐘頭之後，爸爸就會知道這件事。

幾天後，我和爸爸坐在車裡。

「可以跟你聊一個很尷尬的話題嗎？」他帶著羞赧的笑容問著。天殺的，他提起那件事了，竟然是現在要談那件事。哇靠，眞的是現在要談耶。

「好啊，怎麼了？」

他實在是不知該如何是好，我從來沒有看過爸爸這麼不自在過。

「我希望你不會介意媽媽把事情告訴我——」

我幹嘛要介意？老天，我有什麼立場來反對她這樣做？

「她告訴我你可能是同性戀。我只是想要讓你知道，我覺得沒有關係，眞的沒有關係。」

接著就是一陣沉默。這樣很好。我知道這是好的。可是眞的好嗎？

「ＯＫ。」我說。

「不過，我也還想讓你知道，你還年輕，還有很多時間，你可能會想要有多一點歷練之後再來確定——」

「我很確定。」我打斷了他的話。

這其實是有關係的。他不願意接受事實，媽媽大概也是如此。錯不了，他們認爲這只是過度時期。

就算我從來沒有親吻過，更從來沒有跟男人或女人發生過關係，不過我是絕對不願意忍受我自己根本不懂這件事，那只不過是我的一時困惑而已。我對困惑感到厭惡極了，我需要的是確定的東西。網路搜尋到的資料和看過的數不清的影帶和電視節目，都告訴我一件事——父母一遇到小孩出櫃，通常都會用「這只是過度時期」來搪塞，而不願意承認事實。依據我的研究結果，這純粹就是排斥的反應，是需要加以反抗的。

這並不是過度時期，這就是我。

我心懷戒心；不過，我也很訝異自己竟然沒有因此被逐出家門，或是遭到冷落隔離。

讓我們認清一件事實吧，我的父母親總是相當支持我，爸爸或許有些遲疑，但是他絕對沒有生氣。媽媽比較擔心的是朋友或鄰居的反應。事到如今，我已經有了足夠的正面出櫃經驗，根本不想浪費時間來擔心鄰居的閒言閒語。

可是眞正的試煉一直都在賽門這一關。

在成年禮派對的幾個星期之後，我告訴了他。

是在網路上告白的。

大衛，這麼做不錯。

賽門的成年禮派對經驗就是有關於喝酒、便宜食物和曬傷的模糊印象。現在的他正預備前往位於坎培拉（Canbera）的國防學院就讀工程科系。

「眞是太瘋狂了。」他在電腦螢幕上打著。

「你有勾搭上什麼人嗎？」

「我認識了一個叫梅莉莎的女孩。」

「酷。」

「我們四處去玩了一會兒。」

「你們還有聯絡嗎？」

「有啊，事實上，她現在也在線上。我們正在聊天。」

「帥噢！」

我試著不要嫉妒賽門可以很快就跟人「四處去玩」。只要想到在成年禮派對上跟醉醺醺的陌生人交談，我就反胃想吐，可是賽門卻樂在其中，我應該要爲他感到高興才對。

過了幾分鐘都沒有回應，他一定是忙著跟梅莉莎在線上聊天。

正當我在線上打著：「梅莉莎長得怎樣？」他也丟出了一個問題。

「你在忙什麼？」

向他坦白的時刻到了。還來不及思考，我就打了：「我很確定自己是個同性戀。」

我的字句隨即在電腦螢幕上頭閃爍，成了永遠不會抹滅的圖像化的石頭，一切覆水難收了。

秒針滴答滴答響了好久，我的告白掛在電腦螢幕上，哀求對方有所回應。

接著就傳來了訊息：「梅莉莎來自陽光海岸，要去新南威爾斯（New South Wales）念工程或相關的科系。我們可能還會見面，但是我不確定之後會怎麼發展。」

眞扯，他沒有看到嗎？還是說看到了但是決定不理我？

「很讚啊。」我緊張地敲了信息。我不知道要如何繼續交談下去。我們難道要假裝我剛剛**並沒有**告白自己是同性戀，就這樣繼續聊梅莉莎？就是這樣嗎？我的告白就這樣石沉大海了？還是我應該要重打一次？

螢幕上又出現了訊息。

「你會很興奮會在戲劇學院遇到其他同志嗎？」

他還在後頭加了一個表情符號。

他的訊息我讀了三遍；第一次我讀不太懂，第二次我覺得有點受傷，第三次越讀越生氣。

「你這句話眞是狗屁不通。」我回應。

很久都不再有其他訊息。他大概正在跟梅莉莎一同大笑，笑自己最好的朋友是個同性戀。

「拜託，」他終於回了：「我只是在開玩笑。」

「一點也不好笑。」

「別跟個女生一樣。」

眞是夠了。我受夠別人說我是個女孩子或娘娘腔。我受夠了賽門的狗屁。我闔上筆電然後坐回自己的椅子上。

我在腦海中想著我們的對話。我不知道那個表情符號是代表賽門感到噁心，還是我在替人口交的表情。

我需要有人支持。我知道賽門面對這種事就是很愚蠢。我可以感到自己的喉頭緊縮而且眼睛開始刺痛。

我們在過去的五年裡幾乎是天天見面。

我說服了自己，無論如何我沒有他會比較好過。

告別賽門，也就告別了我的中學生涯。我的中學同學都不會就讀這裡的藝術學院，也不會在我的課上出現。我將會是獨自一人，這正是我重新開始的契機。

演戲狂大衛終於可以退場了。

有一部分的我鬆了一口氣，那樣的表演著實讓人身心俱疲。現在我已經「出櫃」了，我覺得自己可以比較自在地去結交新的女性朋友。

可是我真的能夠交到新朋友嗎？我在大學裡將會是一隻孤鳥；沒有了演戲狂大衛，我是否又會變回那個害怕被人捉弄而躲在圖書館的十三歲的小男生？是不是又會跌落到社會階級的底層呢？

我急切地需要一個新的角色。

我決定要讓剛找到的性取向成爲我新的人格基礎，變成一個自信、驕傲和精力充沛的同性戀。演戲狂大衛已經死了，取而代之的是同志大衛。

我的運氣很好。我就讀的是大學的戲劇系，彷彿進入了一座充滿性向錯亂的威利・旺卡（Willy Wonka）巧克力工廠。[19]

19 本書作者以英國作家羅爾德・達爾（Roald Dahl）一九六四年的知名童書《查理與巧克力工廠》（*Charlie and Chocolate Factory*）作為隱喻，書中描述了窮人家的小男孩查理在威利・旺卡開設的巧克力工廠的奇遇。一九七一年出品的奇幻歌舞片《巧克力冒險工廠》（*Willy Wonka & the Chocolate Factory*）就是改編自這本童書，票房極佳，在夢想的國度裡嘲諷成人的自私貪婪，歌頌孩童的誠摯，其呈現的文化美學也已經成為電影經典。

12 所有的滋味
All the Feels

你會在戲劇學院裡學習到如何感受事物、探索自我的所有感受，而且沒有停息的一刻。進入大學的頭兩個星期，就像是到了一個激勵情感的營隊——這正是我需要的強心劑，好用來重新建立自我意識。

第一個學期的大部分時間，我們都窩在一間漆著棕色油漆的混凝土小房間裡，創作給兒童觀看的戲劇。而共同創作一件作品，就是熟悉一個人最快的方法。我們這群十七歲的陌生人，組成一個歡樂的團體，不多久後，彷彿成了被解放的棄兒般混亂狂歡。我們都是這個世界的局外人，可以說都是怪胎，大學戲劇教室也因此成了我們安全的避風港。我們現在上的是永遠不下課的戲劇課；事實上，我們正將自己的生命編織成一堂永不結束的戲劇課。

聽起來像是天堂，對吧？

裡頭充滿著許多的感受。

眞的很多。

老師引導我們以最高分貝呼喊出這些感受，我們可以對著牆，或是對著房裡另外一端的夥伴吼叫。之後，我們要與夥伴手牽手，隨著特定節奏一同吟唱。接著要成為動物，然後變成一個影子，說話只說音節、母音或者是子音。我們要化為感受。化為無數雜音。接著就成了一棵樹，一棵風中的樹，佇立在風的感受之中。

感受啊！如此多的感受。

我們在排演空檔會聊聊天。我們這群十七歲的戲劇怪胎來自各地，談起中學生活，內容就像是一部戰火逃生記。有個語調輕柔的年輕男孩說起自己如何以白人至上和希特勒的言論來嚇退霸凌自己的人；有個自殘的女孩會用蠟燭火焰燒燙叉子，在身上烙印，烙痕完全嵌入肌膚；有個充滿魅力的男孩也向大家告白，他度過中學最後幾年的方法就是每天灌一瓶便宜的紅酒。

那位有魅力的男孩就是拉維。

大學時，我花了大部分的時間努力要變成跟拉維一樣的人，他相當奇特，迷人俊俏又受人喜愛。他也很愛笑，常常開懷大笑，有著感染人心的幽默感。此外，他的性態度自由放縱，至少表面上是如此。他只要稍加挑逗暗示，就有辦法讓美麗的陌生人跟他發生性關係。我們這些圍繞在他身邊的人都被他迷住了。我想要變成跟他一樣的人。

以前的我，把同性戀當成標籤黏貼在自己身上，如此逐漸前行，並形成自我的特質。拉維則有足夠的自信來輕鬆面對自己的雙性戀傾向，而且能快樂地活下去。我還沒有搞清楚自己可以怎麼面對這樣的事情，這種狀況讓我快要抓狂。我只知道如何做個直言不諱的男同志，但是拉維卻是個輕鬆自在的男同志（或雙性戀，這完全視他的心情而定）。當然，他也是從同樣困惑的中學生活中走過來的，可是他卻能輕鬆看待整件事情。

不同的友情團體很快就形成了；我跟拉維黏在一塊，就像是失散多年的兄弟一樣。強壯、混亂和敏感的拉維簡直就是個「時間管理者」[20]，他會披著從二手商店買來的高級羊絨斗篷來上學；他也會帶著我們在鎮上夜遊，尋找最好玩的公園小角落，而那些都是我不知道的地方；他也讓我們知道怎麼爬上鎮上的水塔，又跳、又躍、上上下下的在水塔頂端爬來爬去。儘管拉維和我是在同一個鎮上長大，卻居住在極不同的區域；當我把自己的房間當成逃避的場所，拉維則是將整個城鎮作爲自己躲藏的洞窟。

我也和妮娜成爲朋友。留著短髮的妮娜是個蓄勢待發的鬥士，她儼然就是勒荷拉斯[21]，這位身手敏捷的精靈是名神射手，也是靈敏的敵人。妮娜在我所認識的人中是最聰明的一位，總是在戲劇課上說出無懈可擊的冷笑話，即使是最微不足道的廢話，她也可以用簡短有力的話語加以擊退。她正面迎擊來自老師的挑戰並獲得回報。在妮娜重重的防衛心之下，她的內心卻是熱烈誠摯的，對於她喜愛的極少數人，她給予了溫柔深厚的情感。妮娜是我在班上第一個出櫃的人。

這是她主動問起的結果。

「你是同性戀，是吧？」

妮娜是這樣問我的。

20 Time Lord，這是《超時空博士》裡的虛構角色，這群來自異星球的生物外表如同人類，擁有不同的時間觀與時間旅行的科技。

21 Legolas，這是托爾金的《魔戒》故事系列中具有王者風範的精靈族王子，參與了魔戒聖戰。

「我是。」我回道。

就是這樣，我在大學出櫃了，正式成爲同志大衛，是有著一群歡樂朋友的同志大衛。

加入這個熱鬧四人幫的最後一位朋友是安柏。安柏比我們大上幾歲；她先前已經選修了幾門課，然後才進入大學就讀戲劇課程。安靜、有趣又聰明的安柏活脫脫就是妙麗[22]，我們都受她穩重冷靜的特質深深影響。雖然她有點畏縮，但是卻深受班上同學的崇拜，這是因爲大家很快就發現她比任何人都懂得要如何安排戲劇製作的時程。事實上，安柏管理眾多繁雜事物的能力，眞的沒有人比得上。她在微笑或傻笑時會遮住臉龐，彷彿害怕別人會看穿她表情底下的眞正感受一樣。她多數時候都穿著黑色衣服。

就是這樣，同志大衛加入了妙麗（安柏）、勒苟拉斯（妮娜）和神祕博士（拉維）的團體之中，共同創作兒童劇的經歷一下子就把我們連繫在一起。製作完戲劇之後，我們在藝術學院大樓辦起一場轟轟烈烈的慶功派對，想當然耳，我們邀請了每一個人前來共襄盛舉。

大學裡還有其他年紀較長的男同志，我或許能在這個派對上獲得一點性經驗。

我心虛地請爸媽幫我買了一箱六瓶酷思樂的伏特加調酒。未滿十八歲的我沒有駕照，到目前爲止也還沒碰過酒，根本就搞不清楚酷思樂伏特加調酒是什麼玩意。可是妮娜和安柏囑咐我最好買個幾瓶，畢竟大家在派對上都會喝得爛醉。

我很明白自己不喜歡有人陪伴，所以這麼多年一直將自己與人群隔開。一切似乎都令我難以招架。不過，我眞的很喜歡這些人，而且好像還有機會滿足自己夢想多年的性經驗。

不知道接下來會是怎麼樣的一個天堂？

天堂原來散發著淡淡的如嘔吐物般的味道，而且喧嘩震天，裡頭也會上演那種沒人想看的怪異色情影像。大學派對原來是如此，而這就是我錯過多年的東西。

我們坐在某人的車道上，屋內不斷傳出震耳欲聾的流行音樂節奏。我們一邊喝

22 Hermione Granger，這是英國作家J・K・羅琳著名的小說《哈利波特》系列的主要角色之一。

酒、一邊談天。在某個角落，不知道出於什麼原因，有人提議要玩轉瓶接吻遊戲。我發現自己和其他人圍坐成一圈，看著一只空的酷思樂伏特加調酒酒瓶開始旋轉。

我喝光了一瓶酒，但沒有特別想要再喝一瓶。老實說，我不知道自己是不是眞的醉了，或者就只是跟其他人一樣，試圖用酒精來說服自己，爲了派對氣氛而假裝酒醉。安柏氣勢驚人，喝下了一瓶蘭姆可樂調酒；我們之中最優雅的妮娜喝了一瓶白酒；拉維則灌了幾瓶自己不斷邀人暢飮的杜松子酒。

「要喝杜松子酒嗎?!」他興高采烈地問著：「很好喝噢。」

如果說我對親吻拉維不感興趣的話，那我就是在說謊。拉維是同志，而且還是雙性戀。事實上，到目前爲止，我們是全年級裡唯一公開自己是同性戀的人。學校裡有幾個男生被大家傳是同志，但卻苦無「堅實」（這有性暗示，了解嗎？）證據。其他年級中有一些就讀不同科系的男同志，但是我幾乎誰也不認識。我還不知道怎麼跟年紀較長的男子交往，畢竟我幾乎沒有受過同志社交的訓練。

我不知道要從何開始，整件事情都讓人感到困惑，我似乎沒上過如何調情的課程。我不會調情，爲什麼要調情呢？幹嘛不直接問對方是否要讓你親吻呢？

「要喝杜松子酒嗎?!」拉維向坐在他兩旁的人勸酒，那兩個人就各自喝了一大口。

酷思樂伏特加調酒酒瓶開始轉動，遊戲就此登場。

我並不準備告訴別人自己從來沒有接吻的經驗。手中沒酒的我正努力讓自己看起來很酷，當然就更不願意承認沒親過嘴了。

我們這群被拋棄的烏合之衆，一共十七人，圍著一支酒瓶坐成一圈，如同玩著俄羅斯輪盤般殷切地開始玩遊戲。

第一個轉瓶的是漢娜，她年紀較長，抑鬱且成熟，染了一頭的藍髮以融入年紀較輕的團體。

酒瓶開始轉動了，同時不斷發出「噢」和「啊」的規律聲響，接著速度漸緩，而且嚇人地就要停在我的正前方。

眞的是這樣嗎？漢娜竟然是我要獻出初吻的對象？這是眞的嗎？

酒瓶在還沒轉到我之前就停了下來，指向我身旁的黑髮刺青女孩卡蔓，她在自己的身上穿了一堆洞。

漢娜爬向卡蔓，兩人凝視對方一會兒後就開始纏綿親吻。大家看到後爆出一陣歡呼聲，她們也沒有浪費大家的掌聲，一起延長了親吻的時間。在笑聲中，她們將舌頭探入對方的口中探索，整個過程就在我面前不到幾吋的地方上演。

接吻完的漢娜回到原位。「妳眞是個接吻高手！」她對卡蔓說著。

「要喝杜松子酒嗎?!」拉維說著就給了她們一瓶酒。

我們輪流轉著酒瓶，大家都不做他想地玩著遊戲。丹是那位抱持白人主義的男孩，他親了聞起來有洋蔥味的紐西蘭女孩安娜；會自我烙印和自殘的莎拉吻了羅素，這位喜歡音樂劇的男孩舉止誇張，極力地要讓大家知道他一**點也不像是同性戀**。

酒瓶繼續旋轉著，好巧不巧每次都錯過我，我鬆了一口氣，但也很失望。不管怎麼樣，很快就會輪到我去轉動酒瓶，希望老天爺看在我的分上，讓酒瓶就這麼轉到拉維面前。我不太確定自己是不是眞的被他吸引，或者是我根本不想要親吻其他人。

終於輪到我了。

拉維。拜託。

我感受到了握在手中的酒瓶的冰涼，深吸一口氣後轉動起來。

拜託，就讓酒瓶轉到一個不錯的人面前吧，請不要讓我覺得自己像是個廢物，請不要讓大家當面嘲笑我。到底**大家**正在想著什麼呢？是不是圍坐的每個人都在禱告請酒瓶不要指到自己？大家是不是都很害怕我要跟他們接吻？

酒瓶轉過了拉維面前第一次、第二次，最後總共錯過了三次。

酒瓶的轉速開始慢了下來。

這是我的初吻，就押在車道上的一場賭注遊戲上，剛剛才下肚的一瓶柳橙伏特加調酒則在我的胃裡翻騰。

我在酒瓶要停下來的前一刻，就知道自己要親吻的是誰了。酒瓶很抱歉地指向了安娜，那位洋蔥味的女孩。

我對她笑了笑，她也笑了，她沒有流露出失望的表情，但是心裡真正的感受就無從得知了。我很快地望了一眼拉維，只見他很同情地對我笑。

「杜松子酒?!」拉維向我勸酒。

我幾乎要大口喝下，可是又擔心因此而冒犯到安娜，於是作罷；只見她正拖著笨重的身軀向我靠近。

她在前一秒鐘還離我有一、兩吋的距離，下一秒就已經把臉貼在我的臉上。我意識到自己的嘴唇乾燥，她的嘴唇則很濕潤，接著就聽見四周的人鼓噪喝采。她張開了嘴，我馬上就感覺到她的舌頭在我的唇上；我則是厭惡地緊緊抿著雙唇，打死也不讓她把舌頭伸到我的嘴裡。好不容易一切都結束了，她也就退開了。

「你嘗起來很香。」她說。

「謝謝，妳也是。」我言不由衷地說著。

「嘗起來有柳橙的味道。」

我聳肩笑說：「大概是伏特加的關係。」

遊戲繼續進行著。

就在那一晚，我從一個沒有接吻經驗的人，搖身成爲一個吻遍全班的人，這一親就是十六個人。拉維轉動的酒瓶在我面前停住，他成了我第二個親吻的對象。就在我的古怪欲望眼看就要實現的當下，我腦海中不禁閃過一個想法，想著不知道這是否會是我們彼此都將銘記在心，而在多年後會笑著談論的夜晚。一段浪漫戀情會不會就此展開呢？

我們的嘴唇緩緩靠近，拉維的臉是溫熱的，我們兩人臉上的鬍鬚彼此磨蹭挑逗，就因爲這樣，我馬上感受到親吻男人的不同。現在的我不再自卑，已經親過一個人的我感覺自己是個「有經驗」的人。我張開了雙唇，將自己的舌頭如武器般地戳碰他的臉龐，不過他的雙唇仍舊牢牢閉著。我知道那意味著什麼，因為我給了安娜一模一樣的回應。

當我們親完後，他對我笑了笑，而遊戲就接著進行下去。

我想自己是感到失望的，可能連心也碎了。然而，整個過程卻如此隨性平凡到讓人根本不知道該有什麼樣的感受。此外，親過一打或更多人之後，我開始質問自己為什麼會忐忑不安？自己為什麼會把渴望一位戀人視得如此重要？對於當時的我們來說，情感似乎是比較微不足道的。我想自己應該要寬心了。但是，不知道什麼原因，我卻感到更空虛。

警察終於出現了。雖然拉維和幾位同學提議要到別處續攤，但是我不行了。已經是午夜時分，一陣寒意向我襲來；先前喝下的伏特加讓身子暖呼呼的，那股微熱現在完全消散了。安娜開車送我回家，她整晚都沒有喝醉。

我爬上床睡覺，派對的吶喊和音樂依舊在我的腦海中盤旋不去，反覆掙扎了好一會兒我才進入夢鄉。我幾乎都快不認識自己了。

對於發生的這一切，我還是由衷感激。

13 性別是流動的

Fluids

「沒錯！」唐娜一邊熱烈拍手、一邊這麼說著：「我們今天要來談論性別的議題！」唐娜站在教室前方，邊笑邊看著全班。雖然第一學年已經接近尾聲，但是我們還是很菜的大學新鮮人，我注意到身旁的一些學生在位子上開始坐立不安了。對於大部分的學生來說，唐娜的課是出了名的震撼教育，有些人還是會抗拒。

舉例來說，兩個星期之前，我們就上到了著名的荒謬派劇作家貝克特[23]的作品。而隨著貝克特的課程，我們也讀了一點深奧的存在主義哲學，以及如尼采、沙特、卡夫卡和喬伊斯等大師的作品。這群振奮人心的大師，在他們所處的時代都遇到了些許的麻煩。以尼采爲例，他極度熱衷於告訴世人上帝已死，想當然耳，這種想法在十九世紀沒辦法招來多少迴響，就連我們這間地方大學的藝術系的年輕學子，也是反應冷淡。無論如何，尼采的觀點是藝術史上重要的一環，唐娜是以無比的熱情來授課的。

唐娜講課相當緊湊。她的性格熱烈張揚，也把這樣的特質融入課堂和教學之中，因此每次我們上完課，都笑到臉頰發痠地離開教室。對我而言，每一堂課都有令人驚奇的啟示，幾乎每一天都會學到新的想法。

不過，這堂課不太一樣。當唐娜開始談論性別議題時，我們可以看得出來她是認眞的。直到最近我才發現，唐娜的博士論文探討的是男孩在戲劇教室裡的角色和年輕男人如何將這些經驗連結到個人性別，畢竟戲劇課通常是以女孩居多。我也才意識到，唐娜或許可以幫助我釐清作爲同志大衛的一些困惑。

或者，我反而會變得更加困惑也說不定。

我們讀的是英國劇作家卡瑞．邱琪兒（Caryl Churchill）的《九重天》（*Cloud*

23 Samuel Beckett（1906-1989），二十世紀重要的愛爾蘭裔作家，創作領域為小說、詩與戲劇，而以戲劇的成就最高。作品揚棄寫實主義手法，以一種新的實驗性語言與結構來刻畫困在狹小窒息的空間中的主人翁，不斷重複其生活片段，藉以揭示當代人類存在的困惑、焦慮與孤獨。重要劇作為《等待果陀》（*Waiting for Godot*）和《終局》（*Endgame*）。

Nine），這是充滿一九七〇年代女性主義精神的劇作。這個劇本之所以令人讚嘆有許多原因，因為裡頭挑起了一些相當棘手的問題，例如：作為一個男人或女人到底**意味著**什麼?!

邱琪兒問得真好，這是很好的問題。

在劇本的最後幾景中，年輕男子和他的女性友人坐在一起。極度迷惘的男子無法確定自己的喜好、欲望或社會定位為何，他在劇末以令人迷惑的領悟做了結尾，「我想我是拉子。」

等一下。

男人可以是拉子嗎？

「酷兒」、「雙性戀」和「男同志」等字眼在我的腦中頓時一片混亂。惱人的是拉維似乎已經搞清楚了一切，而我卻還陷在困惑和迷惘之中。

唐娜放了很長一段的幻燈片，把我們都搞暈了。像是美國女明星珍妮佛・蘿培茲（Jennifer Lopez）的臉上有鬍子，她依舊性感不減，美麗如昔，可是她卻有鬍子。另外則是一群渾身肌肉且充滿男人氣概的足球員的劇照，他們抓著彼此愛撫，當以恰當的角度觀看時，他們近到像是要接吻一樣。

那天回家之後，我就跑去翻看自己因妄想有朝一日練成健美猛男而留下的那一疊《健康男人》（*Men's Health*）雜誌，然而，六塊腹肌和完美胸肌現在卻有了嶄新的意義。它們都是時尚的產物，就像社會在某個遙遠之地所訂下的祕密協定：「這是俊俏男人應該有的外貌，也是男人應有的行爲舉止。」正因如此，我總是覺得自己不夠英俊，也無法像個眞正的男人一樣在社會上行事。

撇開《健康男人》不說，A片又傳達了怎麼樣的訊息呢？裡頭的男性都有著巨大的陰莖和雕塑結實的身體；女性則有著乾淨的陰道和形狀荒謬的乳房。到底A片是要傳達什麼？我又該如何判斷其中的訊息？究竟A片告訴了我哪些跟我自己有關的東西？

我一直鑽研下去，並和拉維及唐娜共同討論，我發現自己的核心想法開始有了轉變。從前的我認爲性別是建立在一套僵化的基礎之上：有男女之別，更有異性戀和同性戀之分。然而，看到同學們根本不分對象地欲火焚身，加上隨意研讀的相關資料得出的觀點，我理解到性別的認定其實要比之前的定義更爲流動多變。

假如我突然拋棄了這些刻板印象的包袱，就只是做自己的話，我會成爲一個怎樣的人呢？我又會跟誰在一起呢？

在那一年之中，我在不同時刻跟兩個不同的人有了關係：一個是男人，另一個是女人。從我十三歲初次在浴室裡的羞赧的性經驗開始，有些問題一直困擾至今，很快地，其中的許多問題有了答案。

至於喜不喜歡我得到的答案，那就要另當別論了。

容我向你引介詹姆斯。他戴著眼鏡，有一頭細薄的金髮，打扮永遠是一派時髦，體格要比我健壯得多。儘管詹姆斯很時髦，但在不知世事的我看來，他看起來像個「異性戀」。他是戲劇系的學生，不過主修的是舞台管理，該專長的學生多半是電工和技術人員，而且一般都是異性戀。

詹姆斯也是個完美主義者，他參與了校內的每一部舞台作品。由於他長期擔任義工，學校人員對他可說是相當感激，並將他視爲「特殊案例」，准許他可以單獨待在錄音室到比較晚的時間。他會喝著紅牛能量飲料，使用產業標準型音響控制台，然後插上自己的iPod，讓迴響貝斯[24]的電子音樂震撼整個錄音室。在這個私人的小窩裡，詹姆斯著手完成各式交代給他的任務，而安柏經常會跟他一起工作。

安柏也是個認眞工作的人。隨著我們兩人的關係越來越親密，她拜託我幫忙她和詹姆斯正在進行的一個計畫。因此，我和詹姆斯單獨在錄音室中度過了一個夜晚；我們共用一個電腦螢幕，百般無聊地等待龐大的資料從一個硬碟轉存到另一個硬碟中。

我的腦海突然閃過一個念頭：詹姆斯和我可能會開始親熱。我幾乎確定事情會如此發生。

別問我是如何發生的。我們並沒有做什麼特別的事，不過是彼此微笑和交談而已，而這就是我這些年來錯過的東西。我們同時意識到彼此相互吸引，並沒有誰強過了誰。我絲毫不覺得愧疚、受到強迫或是感到羞恥。不知何故，我就是知道詹姆斯對我也有同樣的好奇心。

感覺起來就是如此，我們找到了對彼此有同樣感覺的那個人。

---

24 Dubstep，是一九九〇年代末期，源於英國南部的電子音樂類型，其根源可回溯至一九八〇年代早期的牙買加舞廳音樂。曲風為「使用大量的低音效果，和不斷迴響的鼓節拍，配上從老歌中擷取的某段知名節奏，偶爾混入人聲。」

這種感受眞是棒極了。

這是一種長大成人的感受。

容我引介瑞秋。她有一頭紅髮，還有一口完美的貝齒，笑起來燦爛無比，而且相當聰慧。

我和瑞秋在中學時代就認識了，當時她就讀鎮上的另一間女子中學。我們在某次的學校幹部會議上認識，一見如故，因此天南地北的閒聊起來，也自此建立了友誼。我們在校際活動見面，又花了很多時間在網路上閒聊。瑞秋爲了要拿到出色的成績而給了自己很多壓力，這是她父母強勢而且非常重視功成名就的結果，我則是以自己知道的方式支持著她。

在我們首次見面的幾個月後的一個晚上，瑞秋遞給我一張精緻的手寫紙條，婉轉地告訴我她愛上我了。

我笨拙隱晦地拒絕了她的愛意。不過，由於她爲人寬容，加上她會耐心地聆聽我說話，或者是因爲她不在我的學校就讀，而且不認識我的家庭，所以我們兩人還是朋友。她人很好，又相當支持我，我對她出櫃時，她連眼睛都沒有眨一下。上了大學後，我們持續這份友誼，還經常到彼此家過夜。

然而，我很清楚我們的友誼天平是不對等的，她對我付出的遠比我對她要來的多。

瑞秋很客氣地的堅持我可能不是同性戀。

詹姆斯則客氣地地堅持我絕對是同性戀。

他的雙手如此表示。

詹姆斯不斷地觸摸我，毫不羞澀且不帶歉意地輕撫我最私密的地方。

我跟安柏說了自己的感受。我喜歡詹姆斯，一切都似乎顯得如此有趣簡單。可是我們很少在大學校園之外見面，這樣我們之間怎麼可能會有什麼事情發生呢？

我並不知道詹姆斯也向安柏傾訴心事，他問了幾乎一模一樣的問題。

正因如此，安柏做了她總是會做的事。她著手計畫，分頭邀請我們兩人以及拉維和妮娜參加所謂的「義大利之夜」，那是一場食物和酒精的盛宴。

「如果醉到不省人事的話，」安柏說：「別擔心，這裡有多的房間可以讓你過夜。」

安柏很清楚自己在做些什麼。

瑞秋也很清楚自己在做些什麼。

在我生日的那一天，她安排了一趟紐西蘭四日遊作爲生日驚喜，費用都已經付清，旅行成員有我、她自己和她的母親。

我從來不曾到過昆士蘭以外的地方。

我們看了齣戲，欣賞了漂亮的景色，好玩極了。

在紐西蘭威靈頓（Wellington）下榻的旅館套房裡，我們熬夜一同看著眼下的城市燈火；我們坐在沙發上，一邊喝茶一邊聊了好幾個小時，就這麼陪伴彼此聊到話題沒了。

我們共睡一張床。

這有什麼關係？反正我是同性戀。

我跟詹姆斯也共睡了一張床。我們猛喝著廉價的酒直到酩酊大醉，又吃下了足夠跑完一趟馬拉松的碳水化合物，之後兩個人就這麼擠在安柏小得荒謬的單人床上。就我們兩個大男人唷。

我們開始舌吻起來，不斷地纏綿熱吻。

我從來沒問過詹姆斯的浪漫情史，他也沒有問我，可是我們就是知道彼此都仍相當青澀，這從我們在接吻時的經驗不足就可略知一二。

與其說是親吻，倒不如說更像在吃東西。我們都以爲嘴巴張得越大越好，以至於幾乎是想把下巴完全打開，好讓彼此將對方整個呑噬，樣子就像是兩條要把對方刺死的蛇一樣。

我不會說那是個浪漫的經驗，但是卻擾動了我心裡的某種東西。事情發生之後，我的腦袋變得混亂而無法入睡，後來我就偷偷跑到沙發上躺著。我躺著瞪著天花板，不斷思考剛剛發生的一切，以及自己的下巴怎麼像是要脫臼了一樣。

紐西蘭之旅回來後過了幾周，我躺在瑞秋的床上，想像著可能會發生的事。那是個炎熱的夜晚，或者該說是暖和的吧，不管溫度如何，總之我抱怨天氣很熱，並且脫到只剩下內褲。

「要是有一天我沒穿衣服赤裸裸的走進來，妳會怎麼想？」我問道。

接著是一陣沉默。

「我……我不知道。」

「應該沒關係，對吧？我是同性戀，加上我們是朋友。」

我可以感受到躺在我身旁的她的體溫。我可以想見她的思緒，是如此清晰可辨。我可以在黑暗中看見她身體的輪廓。

「你又不知道自己是不是同性戀，」她說著：「當然有關係，拜託，你裸體耶。」

如果我想要的話，我是做得到的。性別是流動的，關係只是想法而已。這個人被我所吸引，在她體內的某處，她想要從我這裡得到某種東西。我可以給她她想要的東西。

「你還沒有足夠的經驗可以確認自己是不是同性戀。」她繼續說著。

我還沒有跟她說詹姆斯的事。

「我可以變得很有經驗啊，我可以跟妳一起體驗。我可以試試看，妳也可以試試。我們兩個不過是互相幫忙的朋友罷了。」

我很訝異自己竟然情欲高漲。我知道自己在這方面有很大的控制權，這是很大的權力。

換來的是一陣沉默。

我溫柔地摟抱她，把近乎赤裸的身體壓在她身上，我們就以那樣的姿勢躺在床上許久。

這是我有記憶以來感到最不舒服的一段小插曲；我不斷試探瑞秋對我的情感疆界，利用她來進行某種試驗以便自我證明，想知道我自己是否可以成爲我想要成爲的那種性解放的人？

我傾身轉頭面向她。

「不要。」她說。

接著她就起身離去。

這是我料想不到的結果。

事情應該是要這樣發生的：詹姆斯二十一歲生日的當天，在他的家中，他已經偷偷地在自己的房間裡爲我加放了一張床。

我、拉維、安柏和妮娜都在詹姆斯的家裡一同飲醉談笑。不過，整晚我的思緒卻不斷在留意那一張加放的床鋪和詹姆斯的欲望。這帶來了一種令人透不過氣的壓力，突然之間，我對性完全喪失了興致。

幾個小時之後，當我刷完牙回來，看見詹姆斯已經躺在自己的床上，微笑地看著我。

「到這裡來。」他說。

他的身材比我高壯，要是我不答應的話，他或許會來硬的。我們曾經玩過摔角，但是一想起來卻讓我頓時作嘔。

我上了他的床，跟他摟抱調情，他的雙手告訴我他想要更多。我的身體硬梆梆地躺著，心臟卻瘋狂跳動。在他撫摸我的時候，我卻爲自己軟趴趴的狀態而感到不好意思。

他試了好一段時間，終於放棄了，我則隨即爬回到地板的床墊上。

我試著跟自己溝通：我是同性戀、我應該會喜歡這些的、我應該要隨時性欲高漲而可以提槍上陣。

在歷經了這一切和所有的焦慮不安之後，我就是不可以**不是**同性戀。

「我覺得自己是拉子。」瑞秋對我坦白。

儘管不曾再共享一張床，我們之間的友誼卻沒有因爲那一晚而終止；我們花了許多時間在黑暗中談天說話、望著窗外和聆聽音樂。就是在這樣的時刻裡，她告訴我有一晚她吞下家裡找得到的所有藥丸，祈禱著要藉此好好睡上一覺。後來她發現自己感覺不到自己的右腳了，才告訴母親發生了什麼，讓母親趕緊把她送到醫院急救洗胃。

那是發生在紐西蘭之旅和我在床上摟著她那晚之後的事情了。

「妳怎麼不告訴我？」我問道。

她聳聳肩沒有回答。

我以爲我們之間是無話不說的。

我、妮娜、拉維和安柏總是對彼此傾訴一切，其中就包括了拉維和詹姆斯是如何開始了一段有趣的玩伴關係，他們兩人懷著無比的好奇心來探索享受彼此的身體。

我和詹姆斯不知怎麼地就是不再合拍。

不知道爲什麼，我就是有辦法讓別人跟我發生關係的機會就此告吹，其中的一位對象甚至是相當美好聰慧的男同志。

我應該要感到失望的。

可是我卻是鬆了一口氣。

14 長大成人 Grown Up

我要說的是，我的爸媽在這段期間內一直都只是旁觀而不加干涉。我的雙胞胎弟弟們也是如此。過去五年來，他們多半窩在自己的房間裡，以宗教般的狂熱投入電玩遊戲之中。

在我的生命裡，從未有過要搬家和離開家人的念頭，我根本無法想像自己生活在沒有他們的世界中。不過，上了大學之後，我感到安柏和其他人享有的自由似乎也是伸手可及的事，自己也可以有專屬的一整間或半間房子，或者是一個居住的空間；不只是一個房間而已，而是一**個地方**。

一想到**沒有**屬於我自己的地方就讓人氣憤難耐，我開始變得很不爽自己被困在家裡，也因此上演著憤怒青年的最佳劇碼，那就是把自己的沮喪宣洩在家人身上。以往我對家裡的芝麻蒜皮小事只覺得煩人，現在則升起了難搞的怨恨。或許這是長大成人必經的部分。突然之間，只要是家人沒有或不能給的，我都覺得委屈或者受到傷害。

這樣的感受在我的生命中也曾出現過一次。在我十二歲時的某個星期六下午，全家人開車到城裡的目的只有一個，那就是與整個家族合照，作爲給祖母的禮物。

雙胞胎那時只有十歲，我也還在念小學，就快要到卡麥隆用手勾著我的脖子拖過視覺藝術課桌子的時刻。我們全家上次到照相館照相的時候，因爲安迪和克里西極度焦慮不安，到最後的結果就是一場災難。我已經不太相信我們眞的可以假裝是正常的一家人，好好照一張全家福。每次在相機架起之前，就一定有麻煩事。

克里西很不高興。那是一段漫長難受的車程，他被迫穿上一件燙好的襯衫，鈕扣從頭扣到尾，還有一雙不舒服的皮鞋。他陷入焦慮中，這也讓安迪有了相同的情緒。

「給我閉嘴！」安迪不斷重複地對克里西這樣說。

如此一來，克里西會更用力地想要壓抑內心的焦慮，他把注意力轉移到爬滿手臂的濕疹紅斑上，安迪也開始效法。兩個人不加思索地抓著癢，一直抓一直抓，抓到成片的肌膚變得更通紅而且更刺眼。

而且，讓陌生人觸碰克里西是絕對要不得的，正因如此，當那位年輕攝影師輕輕碰了克里西，以便幫他調整照相姿勢時，克里西的身體立刻緊繃了起來。安迪看到了，但不想在整個家族面前責備攝影師，就輕聲用耳語對他發出嚴厲的警告。爸爸要安迪冷靜下來，他轉而像磨砂紙般抓弄著皮膚，抓到都滲出血來了，克里西那雙無辜的眼眸中隨即充滿了淚水。

「笑一個！」攝影師說著。

那個時刻就此被捕捉下來，而且化爲永恆，宛如獎品般被懸掛在祖母的牆上。我還記得自己微笑地看著相機，但是內心卻注意著身旁的堂兄弟姐妹，每個人看起來似乎都不怎麼緊張。

他們幹嘛要緊張呢？不過是照張相片而已。

這是我記憶中第一次對家裡眞的感到憤怒。在開車回家途中，精疲力盡的雙胞胎不發一言，輪到我對車內的裝潢發洩情緒，恨不得把一切抓到發紅破皮。

「你們爲什麼就不能是正常人？」我對他們厲聲說道。

在弟弟們還來不及回應前，爸爸就打斷我的話：「現在沒事了，都照完了。」

但是一切是不會就此結束的。他們是我一輩子的家人，而這兩個弟弟卻連照張相都辦不到。我只想吶喊自己怎麼會有這樣不公平的人生。

媽媽試著讓我冷靜下來。

「我知道這很困難，」她說：「可是你就是得接受這一切。他們就是這個樣子。」

我開始延長抗爭計畫，只爲了證明他們是錯的。

當我試著熬過自己中學時的可怕折磨之際，雙胞胎也面臨著困境。他們就讀的小學之所以能夠容忍他們，有幾個原因，其中之一是因爲這是個規模很小的郊區小學，接受各式各樣的異常行爲；另一個原因是，爸爸是弟弟們小學高年級的老師。

小學評量學生成績的標準相當寬鬆，孩子們都是與自己之前的表現來比較評鑑，重要的是他們進步了多少，以及是否有學習落後的危險。一旦升上中學之後，學校會讓學生清楚明白自己不再是個小孩子了，並根據學生本身和社會所接受的正常成人的差距，來衡量表現是否及格。就是這樣，雙胞胎從一個讚許他們按照自身進展速度學習的環境，掉入了他們注定要失敗的地方。

他們兩人就讀的是城區的一間大型學校，我的中學在城裡的這一邊，他們的則在另一邊，那是間有著最佳特殊教育環境的州立中學。

實在很難想像雙胞胎是如何度過中學生涯的第一天。當時的我是十年級生，正值與瑪莉產生複雜關係的尖峰時期。

一定會出現噪音，很多的噪音，而且在他們的耳朵裡擴大，那是他們的焦慮不斷地在嗡嗡作響。學校四周都是建築物，裡頭充滿了嬉笑、推擠和玩耍的青少年。安迪和克里西會在指引下前往特殊教育單位，那是剛裝修完成、設備完好的一間教室。

教室裡會有一群混亂的陌生人等著他們。使用輪椅的學生會四肢癱軟地坐著，把頭放在自己的肩膀上，任由口水流滿襯衫；另外有少數學生會大聲咒罵，拚命要壓過那個想維持秩序且脾氣溫和的中年女老師；還有的是沉默不語的、或是個性溫順的、充滿挫敗的、或是病入膏肓的學生。我的弟弟們會被帶到這樣的一間教室，並且被告知：「你們就待在這裡。」

克里西因而把自我蜷縮起來，埋藏在內心某處，並陷入極度恐懼之中；安迪則會深吸一口氣來挺胸面對，讓把自己變得正常視爲重要任務，即使這樣一來可能會將自己逼入絕境。

克里西待在中學的時間很短，而且很不愉快，那個我們認識的、善良柔順又天眞的克里西，似乎就要從此永遠消失不見。在青春期的緊張和中學生活的不和諧中，克里西完全變成了另外一個人。他會仰仗自己知道的唯一一種語言來解釋一切，那就是取自《蜘蛛人》（Spider-Man）的猛毒（Venom，《蜘蛛人》漫畫裡的壞蛋）、《神奇寶貝》裡的超夢（MewTwo，卡通《神奇寶貝》裡的角色）、或是《湯瑪士小火車》裡的淘氣小火車的對話。短短幾個月之間，從前連隻蒼蠅也不打的克里西變得易怒和陰沉，他開始對老師大聲說話、抓傷自己的雙臂和敲打課桌椅。他還有一個逃脫的方法，那就是繞著操場散步。

當我在教室裡聽著無聊的課，我會一邊想搞清楚克莉絲汀是不是喜歡我，一邊想著要怎麼樣才能逗瑪莉開心，很快思緒又轉而想像克里西正在做什麼。我可以看到他倘佯在學校操場的平和境地之中，廣闊湛藍的天空在他的上方開展，他臣服其下，讓自己失落在那一片無止盡的藍天裡。學校裡的噪音和無意義的事情都離他遠去，成爲遠處小小一排的建築物。他在操場上是不會受到干擾的。

我想像自己在他身邊走著，很欽羨他擁有這個逃脫路線，我跟著他一起仰望著天空，思索著他是否可以看到比我更多的東西。或許他可以超越那片湛藍，可以望穿上方的黑暗而看到圍繞著他旋轉的星星和星球，他就此跳起了讓自己可以冷靜下來的一場永不歇息的宇宙之舞。

我想像他的老師在他的肩膀輕拍了一下，提醒他到了要進教室的時候。雖然他會因此感到不愉快，但是爲了不讓家人擔心，他會起身隨著老師回到教室，回到他自己獨有的地獄裡。

當克里西花在操場上的時間要比待在教室的時間來得更多之後，這樣的行事作風就顯得毫無意義。他開始只上半天課，而且上學的時間越來越短。等到九年級結束，他就再也不去學校了。

有著絕對意志和決心的安迪則在學校待得比較久。他在老師的輔導之下轉去正常班，但是卻常常被請到教室之外。高分貝的噪音和其他學生脫序的行爲，這一切都讓他備感壓力。中學應該是個有邏輯的地方，老師告訴學生一件事，學生就照著做，做完即可。安迪無法接受在這樣簡單的方程式中竟然存在著衆多的變數。更糟的是，他被含蓄地暗示著，這些學生都是「正常」的，他才是「特殊」的那一位。

當然，安迪很容易成爲惡意無知的霸凌者的攻擊目標，這些蠢到沒救的學生總是用同性戀、娘娘腔、白癡等字眼來貶抑他，對他進行一連串的羞辱。安迪回家後會談起這些「仇人」，透過流行文化的角度來看，他把中學視爲戰場，自己則是在處處是敵人的世界中邁步向前的英雄人物。

安迪把讀完中學十年級當作個人目標。他做到了，可是整個過程卻讓他精疲力竭，搞得全身皮開肉綻，幾乎永遠在對抗全人類。

他和克里西奮力挺過那麼長的一段時間，我和爸媽都爲他們感到驕傲，不過當父母在討論雙胞胎的時候，我的聲音總是特別大（可能相當惱人）。到底要敦促他們到哪種程度？到底應該要讓他們有多少喘息空間？這些都是爸媽不斷斟酌的問題，爸爸通常會傾向於採取較爲溫和的手段，我會偏向較爲激進的方式，媽媽的態度則介於兩者之間。

我的行爲有部分是來自於嫉妒，說老實話，大部分都是嫉妒使然。爲了找到容忍和接受這些混亂的方式，我可以說是強迫自己坐在學校課桌前思索，並因此失去了生命中的許多時光。逃到學校操場喘一口氣，或者是有私人助教來依照自己的節奏學習課業，這些從來就不是我可以擁有的選項。爸媽已經盡力而爲，去跟老師討論讓我跳級上課，好讓我能夠沉溺於課業中並感到挑戰性。他們甚至讓我選擇跟雙胞胎一樣的方案：離開學校在家自學。

我卻不認爲那是選項之一。我想要的是跟正常人一樣，這是比什麼都重要的事。就因如此，不管做些什麼，我注定會不快樂。休學的話，我就是個失敗者；我氣的是當雙胞胎獲得特別通融的時候，我卻得弄清楚一切。老實說，這種情況讓我憤怒萬分。

這並不表示我不認爲安迪與克里西是特殊個案，也不是說我否定他們的眞正殘缺。大部分時候我是想要保護他們的，想要到他們的學校幫他們搞定問題。我想，這是存在於所有家庭的矛盾狀況，就是會有那麼一件事情讓人爲之抓狂。這是一種情感量子力學的詭計：一方面覺得要保護、熱愛和忠於自己的家人，另一方面卻又對家人感到憤怒、憎恨和苦惱。當然更不用提因爲對家人憤怒、憎恨和苦惱所帶來的無窮**罪惡感**。

在這些情況之下，我非常關心爸爸和媽媽。爸爸正快速地流失用以教書的精力，媽媽則經常受到偏頭痛所苦，已經從爲人母和職場的戰役中敗下陣來。他們兩人都面對困境，而且承受極大的壓力，因此看了好幾位心理醫生和精神科醫生，也吃了好幾年的抗憂鬱藥。而與焦慮對抗的雙胞胎也同樣在服用藥物。在我的青春期，我是家裡唯一沒有服用抗憂鬱藥的人。就連我們家裡的小狗也患有神經衰弱和皮膚搔癢的毛病，每天早晨我們都在牠的早餐裡摻了藥丸。

針對這個不同點，爸媽並不是沒有想過要加以改變。有許多時候，他們都認為藥物可以幫助我，於是不斷說服我去看心理醫生。不過，我並不關心自己的心理狀態，我更擔心的是我的父母。眼看著家裡每一個人都在服藥，並且過度勞累，我害怕他們會與世界脫節而迷失方向，而我自己則可能因此被拖下水。

我以戰鬥般的熱情把遏止這種情況視為個人任務。我要的是可以好好照張該死的相片的家庭；我要的是不需要藥物就能展開一天生活的家庭；我要的是會一起度假和共同做些什麼的家庭；我要的是不會到美式連鎖餐廳「時時樂」慶祝特別節日的家庭，不是**每次都去**那裡吃飯的家庭（克里西是「時時樂」義大利麵的忠實粉絲，他外出用餐時唯一會吃的東西就是這家餐廳的義大利麵）。

爸媽卻很難不將我的努力解讀成是對家裡的生活方式感到羞恥，他們也因此產生了複雜的情緒。有時候他們會希望能夠讓我有相同的機會，讓我可以跟同齡的小孩有相同的生活。就是因爲這個緣故，對於瑞秋和紐西蘭之旅這樣的事情，他們的反應是絕對的鼓勵，但卻又因爲自己無法給予而深懷罪惡感。

我對爸媽的失望是以暴怒的方式表現出來的。在我們的許多互動中，我都把自己當成是傲慢的文化人來對待他們，而他們卻能夠溫和回應。當我驕傲地談起自己的戲劇課程時，雖然他們樂意承認自己不了解這些東西，但會以笑聲來澆熄我的熱情，提醒我不要變成自大且附庸風雅、滿嘴屁話的人。這樣的你來我往讓我們都感覺很差，沒有誰是贏家，但是不久卻成了彼此互動的習慣。

我對自己的性取向、職業生涯和一般社會價值深感困惑，而且陷入焦慮，現在又多了與家人的不健康的對話方式，這對我完全沒有幫助。

多年之後，這個富含濃烈情感而緊緊纏繞的巢穴已經開始潰爛，讓人訝異的是，其中的負面消極竟然可以維持這麼久。在那段艱難時期中，全家人因爲學業問題、爸媽退休、憂鬱焦慮的一連串狀況而飽受折磨。

有些事是必須妥協的。

到了大學二年級，我做了一個看似「正常」的決定，我打算搬到外頭住。這個決定卻造成了足以讓家裡永遠分崩離析的裂痕。

在我搬出去住後的隔天，媽媽打了電話給我，她的口氣比起我記憶中聽過的都要來得氣憤。我在幾星期前把一張ＤＶＤ借給一位大學朋友，對方還沒有歸還。媽媽現在想要把那張ＤＶＤ借給她的朋友。

「你就是這麼自私，」她說著：「你把自己的朋友看得比家人還要重要。你把你的朋友放在我的朋友前面，好像你的朋友比較重要一樣。」

我們唇槍舌戰了幾分鐘之後，我終於對她說：「媽，妳是在氣ＤＶＤ這件事？還是在氣我搬出來住？」

電話裡一陣沉默。

「錯不了的，不是嗎？」她終於開了口，語調還是很生氣：「你就是比較重視你的朋友。」

我實在是不知道要回應些什麼。沒錯，我現在確實是把朋友擺在家人前面。我覺得這是正確的做法，畢竟我是個十九歲的大學生啊。

我們草草地結束了對話，我答應媽媽會盡快把ＤＶＤ拿回來給她，就掛上了電話。我不知道自己要如何在不共同生活的情況下維持跟家人的關係。或許我是自私的，或許我應該要在家裡多待一段時間。事實很快就證明了我選擇了不對的室友，我搬去與拉維和瑞秋一起住，結果整個屋子的狀況就如同你所想像的，我們都搞不清楚自己是誰，也不知道自己想要些什麼。

入住新家的第一個晚上，也是我首次離家外宿的夜晚，我們發現房東在車庫的老舊冰箱裡留下了兩箱預先調好的伏特加，於是津津有味地喝了起來，喝了一整晚後才踉踉蹌蹌地上床睡覺。由於我的房間還沒有整理好，我爬上了瑞秋的床，還在她昂貴的床墊和粉紅色滾邊被子上大吐特吐。當酒精從口鼻流出來的同時，我的腦海閃過了一個想法：或許不再與家人同住這件事並不會得到我想要的結果。

我們的房子有個巨大的庭院，那裡後來變成了整個大學藝術科系的派對聚會場所。雖然我一開始對派對狂歡躍躍欲試，但是很快就沒了新鮮感，那又如同從前一樣開始讓我焦慮不安。我覺得自己格格不入，只想要安安靜靜地看電視和睡覺。

才搬進這個屋子住了兩晚，屋子裡就充滿了酒醉嘈雜的戲劇系學生。在佯裝自己享受這樣的時光幾個小時之後，我就悄悄地溜回自己的房間。那時已經過了午夜，我真的需要睡個覺。當我一打開房裡的燈，卻發現兩個同班同學正半裸地在我床上廝磨。我隨即關上燈，讓他們繼續搞下去。

我只好開車回家，我還有家裡的鑰匙，屋內是如此甜美安靜，我蜷縮起身子睡在客廳的沙發上，馬上進入了夢鄉。

翌晨，趁著還沒被人撞見之前，我趕緊溜出了家門。

我在幾個月後就搬去跟安柏一起住。

搬去跟安柏一起住，事後證明是個神來一筆的決定。我跟安柏的友誼可以說是自己第一次跟女性建立起健康的關係。我在她身上找到了在其他地方無法得到的東西，那就是歡笑、安全感和相互尊重。尋尋覓覓多年之後，莫名其妙且毫無預期地，我擁有了自己一直想要的、與女性健全的情誼。

跟安柏住在一起後，我開始有了回家的感覺。每當我踏進同居的家門，在我們這個小小的（但異常整潔的）大學公寓裡，迎接我的是支持我，並歡迎我的一個人。在安柏的身邊，我發現自己成了一個既慷慨又討人喜愛的年輕人。我能以奇特的姿勢坐著，同她一起在沙發上笑著，並啜飲啤酒，就這樣連續看了超過四個小時的電視，輕鬆地笑開了。這讓我相當訝異，我從來不知道自己也有這麼一面，這樣的自己對我來說可是個陌生人。

我還是我，但是很快樂。

至今為止，我從來沒有理解到自己大部分的生命中都是孤單一人。我太深陷在焦慮和負面情緒之中，以至於無法與他人產生連結。逃離自己、朋友和家人的結果是孤獨，並且好長的一段時間都困鎖在自己的想法之中。我以為自己有些好朋友，可是這些關係其實都承載著各種情境下的苦惱，說穿了，我從未允許這些關係發展成眞正的友誼。

「我明天有考試。」安柏嘆氣。

「妳需要休息一下，」我說：「我來放《六人行》的DVD。」

「喔，好吧。遙控器在哪裡？」

「在我手上。」

「大衛，拜託一下，你可不可以按『全部播放』？」

「可是妳有考試耶。」

「放啦，我全部都要看。」

分處於城區的不同地方，當同學們正在舉行派對時，我們兩人則是看著《六人行》開懷大笑，然後在十點上床就寢。這樣的生活眞是太完美了。

不過，我的心緒卻與罪惡感角力著。或許尋求這種安慰是種自私的行爲，而公然厭惡家人是絕對是不對的。我不知道小孩在長大成人後還虧欠父母多少，也不知道父母對孩子的虧欠又是如何。在人生的某段時期中，每件事都攸關著抉擇（包括你的朋友、學習方式和生活安排），卻也因此而很難給予家人應有的尊重，畢竟生活裡有許多事情正在發生。

純粹是出於缺乏勇氣回頭審視自己的行爲，我因而沒有意識到自己正在深深地傷害一些人。

我不顧後果地玩弄著瑞秋的心。

我也沒有對父母表達應有的謝意。他們兩人都竭力要讓我過得快樂，其中包括了要我去看醫生來對抗我的憂鬱天性，只是我不順從罷了。

事情是這樣的，我從來不曾停下來反省，或眞的跟別人談論我的家人，更別說是反省或談論自己了。我的姿態很清楚，已經長大成人的我不再需要家人，現在的我是拚了命要獨立自主。在我一頭栽入大學生活之際，我在自己與家人之間畫出了距離，這讓我感覺良好。我喝酒、吸大麻，過著自由自在的大學生活，這讓我覺得自己是無人可以阻擋的。

後來我就對自己的沉默感到後悔了。在接下來的幾個月中，我無力面對自己的確切感受，而想要了結自己的生命。

說穿了，我根本就還沒有眞的長大。

15 翻天覆地

Turning Inside Out

跟詹姆斯度過的那一夜，是我僅有的同性性經驗，私下我還是百般困惑於自己的性取向，正因如此，我做的唯一合理的一件事，就是自願擔任城區裡爭取同志權利的年輕領導者。

只要政府表達出反對同性婚姻和領養的立場，我就會以書面文字表達憤怒。我狂怒地書寫不平等的議題，要求社會公義。我很氣憤而且意志堅定，語氣充滿了自信。我是同志大衛，並以此爲榮。

缺乏性經驗並沒有困擾我。

我說的是眞的，親過一個男生，就讓我成了同志統帥。

我想我仍孤身一人，是因爲神經太過緊張的關係，而且我確信自己總有一天會鼓起勇氣外出約會而且搭上一個漂亮的男人。安柏則被我那一長串無止盡的渴望和暗戀對象搞到煩死了。雖然我還是極度渴望浪漫關係，但我卻幾乎沒有什麼行動，一想到要找一個活生生的人調情，就讓我怕到全身發抖。我發現就算是在一個最為平庸的男生面前，我還是會說錯話，接下來就會在腦袋裡不斷重演自己的白癡行為，折磨自己到快要恐慌發作才趕緊冷靜下來。

我不斷靠外在的喧嘩來填補內心的騷動，我在大學裡最後的計畫就是最佳明證。

我的計畫很簡單，先是訪問一堆家長和他們的成年兒女對於同性戀的看法，然後把訪談資料組編成一齣短劇，寫好的劇本會交給老師，並且在課堂上大聲朗誦。這個計畫似乎正對唐娜的胃口，但是她有點擔心我為自己招攬了太多的工作。我嗤之以鼻，認為自己是不會有問題的。此外，這個城市需要的就是這樣的劇本。可別忘了，我是同志大衛呢，引導議題往正確的方向發展正是我的職責所在。

我簡短拜訪了位於布里斯本的一個同志健康組織，組織裡的人都很讚賞這個計畫，並樂捐了三百塊澳幣作為贊助。

三百塊澳幣。

這就是計畫的預算。

計畫現在算是具體成形了。

有了這樣一筆錢，我做了每一位同志平權運動領導者都會做的事，我拋棄了讀劇的構想，決定要製作成一齣完整的劇目。我需要找演員，演出時要有舞台布景，而且演員都必須穿著戲服。

可是怎麼能夠只演一場呢？不行，要演三場，還要在布里斯本演個兩場。沒錯，這將是巡迴演出。

我會全權負責劇本、製作和導演的工作。

這樣一來工作會太多嗎？

才不會呢。

我從來不曾導演或製作過一齣戲。幸運的是，我可是同志大衛呢，同志都是會做戲的，這可以說是同志的超能力之一。我才不擔心呢。

毫無疑問，那齣戲遜斃了，但是投注於其中的熱忱補足了在技巧、經驗、知識或敘述連貫方面的欠缺。我只在乎兩個重點，首先，身為同志大衛的我要引領鼓舞經驗較少和困惑的人。看完我的戲的人都會如此說道：「唷，同性戀都很好啊。」「我之前還會想痛毆這些娘娘腔，不過現在不這樣想了。」「老兄，我想我是同性戀，只是先前太膽小而不敢承認。現在我要出去找人好好上個床。」

都是因爲我，事情才能有這麼好的發展。

上演一齣戲則是我的第二個重點，我很清楚這是自己眞正想要做的事情。不再只是上台演戲而已，我想要寫劇本。接著我就開始尋覓演員了。

我開始詢問朋友們的意願。儘管妮娜對這齣戲的「詩意」不以爲然，仍然跳進來參與製作。

「整個世界在我的體內，而末日將近。」她讀著劇本，讀完就抬頭問我，「眞的是這樣嗎？」

我熱切地點頭回應：「她達到了性高潮。」

「所以，」她顯得有些困惑地回問：「她不喜歡嗎？」

「不是的！那是很棒的經驗！這是她第一次感到解放的時刻。」

「這樣啊。可是怎麼感覺像是世界末日一樣？」

「那樣才美啊。」

「是噢，大衛，那大概不會錯吧，」她帶著一抹虛僞的笑說著：「我相信是這樣子沒錯。」

我對這一景相當自豪，裡頭有四個角色（兩男兩女，都是同性戀）描述著這些美妙的性經驗；這一景傳達出了純粹的浪漫，然而也全然都是虛構的，畢竟我自己沒有過什麼美妙的性經驗。妮娜不停地挑戰我寫的廢話，不過，此時的我已然架起厚重的防衛牆，她的溫柔抗議都被悄無聲息地彈了回去。

有了妮娜的幫忙，再加上跟唐娜進行了一次超有用的緊湊排演之後，我寫出來的東西被刪改了三分之一。戲就這麼上演了，媽媽開車載著所有的演員到演出地點，我的父母和親戚都開心地前往看戲。

想像一下我的祖母坐在劇場裡，裡頭容納了來自布里斯本北部的一群人，幾個演員不斷在她面前呼喊著作爲同性戀和年輕人的苦惱。在整場演出中，她都眉開眼笑，而且相當以我爲傲。

「太棒了！」她在戲後對我如此說道，並且擁抱了我。

妮娜在戲裡的女同志伴侶是名叫戴妮的女孩，心性自由的她正在修師資培訓課程，我是透過朋友的朋友認識她的。她熱切地參與演出，精彩地演繹了我那貧乏的劇本。

我們舉行了慶功宴來結束這一季，派對上的氣氛令人回想起三年前我首次玩轉瓶子接吻遊戲。同志大衛開心極了，他完成了自己的使命。

醉醺醺的同志大衛在後院的私密角落跟戴妮耳鬢廝磨了一段時間。同志大衛現在已經是老練自信的同志平權人士。

我和戴妮彷彿活在一齣寫壞了的情境喜劇中，我們開始偷偷見面。我們以爲只要不告訴任何人，我們就不需要對自己承認些什麼。戴妮完全不想要大肆張揚自己和男同志廝混的事，我們兩人都各自有想要保持沉默的理由。

身材嬌小的戴妮有著一雙大眼和金色偏紅的長髮。她長得很漂亮，這完全不需要否認，可是眞正吸引我的是她的態度和心性。戴妮是個隨遇而安的人，而且對所有事都是如此，生活裡很少有什麼事情會讓她覺得一定要擔心或焦慮的。她正在修習教師學程，卻老是跟劇場的人混在一起。

快樂對戴妮來說是很容易的事。對於我在想的、說的、分析的、計畫的和擔心的事情，戴妮全都一笑置之。生活很簡單：其實生活只是一場遊戲，但其中傳達出的能量讓我完全無法抗拒，她正是我緊緊桎梏的靈魂需要的慰藉。

此外，身體的情愛眞是令人開心，而且當下似乎是自由無羈的。整個過程的進展也不急不徐，我們往往連衣服都尚未褪去，就輕柔地、祕密地愛撫彼此。

安柏是唯一知道實情的人，當她從學校回到公寓又抓包了我和戴妮在沙發上廝混，她只是鄙夷地翻翻白眼。安柏對於我們的關係不置可否，但是我可以感覺到她不看好這段關係。

「玩得開心，」她說：「可是要小心。」

我不知道自己應該要小心什麼，畢竟我內心感受到的就只有幸福而已。

我覺得鬆了一口氣，原本的我就像是一顆快要吹破的氣球，緊繃到肌膚失去了氣色，現在則終於不再漲滿了氣體，放鬆下來，而且再次富有潛力。

不知何故，戴妮是了解這一點的，或許這不是她理性分析的結果，但是一定心領神會。我不清楚自己在這幾個月裡給了她什麼，也無法解釋她爲何會待在我身邊。不過，她的情感刺激著我，我們的關係也發展快速，完全超乎了我的控制。我們越來越常見面，我發現自己不時想著她。

我很快就感受到似曾相似的恐懼所帶來的苦惱。如果這段短暫的關係不只是玩玩而已，會是如何？假如戴妮和我眞的開始交往，那又會怎樣呢？

然而，這個問題不久後就會自行解決，我很快就要跟安柏一起搬到布里斯本。

大學生涯要結束了，我正將自己的混亂生活打包裝入那台更加混亂的五門房車裡。戴妮也要拿到學位了，我因此就這樣畫下清楚的終點線。

當我搬走之後，我們的關係就會結束了。

我並不確定自己想要的是什麼，但是搬家似乎是個適當的時機，讓我得以撤退和重整待發。

就是這樣，我會開車送戴妮回家和父母過耶誕節，然後載著自己最後的幾箱行李開往位於布里斯本的新家。根據我自己訂下的規則，這將是我和戴妮最後的約會。

我同時也訂下了扼要的小小規則。雖然我們一件一件地脫去身上的衣服，但是我仍保有處子之身。這是我不準備跨越的一道門檻。

我是同性戀，不是嗎？

在過去三年的時光中，我以自己的性取向作爲自我認同，而讓這個認同崩壞將會是一場災難。

倘若我不再是同志大衛，那麼我是誰呢？就只是「大衛」嗎？那到底又意味著什麼?!

演戲狂大衛早已死亡；同志大衛現在則面臨一位心性自由的嬉皮女子所帶來的

死亡威脅。我不能允許這樣的事情發生，我有我自己的規則。我和戴妮之間要做個了結，同志大衛會在布里斯本安好無恙的生活著。

唯一的問題就是我們必須共用一部車來完成最後的旅程。當時下著雨，好不容易把我的幾箱行李全部塞入了車內，我們兩人也都濕透了。我們趕緊上了車，濕答答的衣服緊貼在身上，車窗瞬間起霧而且朦朦朧朧地，我們兩人都脫下了幾件衣物。

突然之間，車子似乎變得很狹小，戴妮似乎離我非常近。我的心也因此跳得超級快。

我發動了車子。

那是趟九十分鐘的車程，就只是九十分鐘而已，我需要做的就是開完這段路。我只需要把音樂調大聲一點，然後將我們載往布里斯本，就可以跟她道別，或許來個快速的道別之吻，然後就可以恢復到過去熟悉的那個扮演的我。

戴妮卻有不同的想法。

老實說，我其實也是那麼想的。

「在這裡轉彎。」她說。距離她父母家只有不到幾分鐘的路程。「就在這裡轉彎。」她再說了一次。

我們就這麼駛離了住宅區而往公園開去。

「在這裡停車。」她說完後就下了車，下車後張開雙手迎接著雨水降落。

我跟她做了一樣的事。

我們四周的樹木草地都閃耀著一片乾淨光亮的綠意。我們的雙唇交接，冰冷而濕滑。

接著我們就到了車子後座。一切都發生得極為快速。我們大部分的衣物都還穿在身上，我笨拙地翻找了一下保險套，可是車上一個也沒有。

事情就這麼發生了。

我的思緒進入了白噪音的狀態。

我無法思考，甚至也感覺不到東西，彷彿自己並不在場，只能強迫自己看往其他的地方，不要注視著她的眼睛，整個腦袋沉浸在一種虛無之中。我希望這件事情可以發生，但是身體卻如此焦慮不安。

事情在一分鐘內就結束了。

我不再是處男。

空氣似乎從車裡消散而去。我不確定戴妮是高興或失望，還是說她也跟我一樣感到困惑。我們沉默地坐在車裡，就這麼聽著雨水輕柔地敲打著車頂。

「我該送妳回家了。」我說。

她點了點頭，溫柔地笑著說：「好啊。」

我送她回到她父母家，接著就開車去找安柏，以便在我們位於布里斯本的舒服小窩安頓下來。

事情不應該這麼簡單的，我心裡這麼想著。我的部分理智很確定我和戴妮是不會再見面的。

問題是我們沒有採取保護措施。

16 失而復得
Lost and Found

我現在無法不去想這件事。

我們沒有採取保護措施。

我想自己在做愛的過程中也有想到這件事，但是我太害怕了，內心充滿了各種情緒，以至於無法停下來好好思考。我不想要當個笨蛋，更不想要讓對方失望。我就是不想要……**沒有**發生性關係。

天殺的，不知道爲什麼，我就是想做，眞的太奇怪了。

那天晚上我輾轉難眠，隔天清晨就撥了電話給戴妮。

「你想太多了。」她在電話裡說道，我可以聽出她的笑意。

我卻對這件事耿耿於懷。我問她是否有服用事後避孕藥。

電話裡一陣長長的靜默。

我說著：「我可以去買，不管如何，我可以送去妳家給妳。我真的希望妳吃藥。」

在另外一陣靜默之後，只傳來一聲嘆息。「好吧，」她終於開口：「如果吃藥會讓你感覺比較好的話，我會吃的。」

這是我在十二個小時前預計要分手的女孩，可是現在我卻跟她通著電話，羞澀地請求對方要服用傷身的某種東西。

這絕非是我值得自豪的時刻。

當天下午我就帶著鋁箔包裝的藥到戴妮的住處，將藥留在屋子旁的盆栽附近。開車離開後，我才傳簡訊跟她說。你知道的，我可是要鼓起十足的勇氣才能這麼做。

那天晚上我還是無法入眠。已經接近午夜，我還在看電視。在黑暗之中，我看到恍若戴妮的車子在屋前停下，她在門口出現。

「我需要吃點東西才能吃藥，」她說：「我需要吃東西。」

我找到一顆蘋果給她吃；我拿了一只玻璃杯，裝滿水後遞給她。

當她把藥放入嘴裡並喝水吞嚥的時候，我說：「謝謝妳。」

顯然如此，一切都結束了。

她眞的吃了藥，事情算是告一段落。

我陪著她走到屋外滿是塵土的車道上。擁抱道別之後，她坐進了車裡。

「下次再見了，大衛。」她說。

她轉動了車鑰匙。

車子卻沒有動靜。

再發動一次。

只聽見車子發出了細微的悲鳴，但是仍然沒有動靜。

她的車子拋錨了。

我們尷尬地打電話聯絡道路救援服務，然後坐在她車子的引擎蓋上，抬頭望著星空。

空氣很溫和，布里斯本的夏天就是這樣，白天是無法忍受的炎熱，但是夜晚卻相當寂靜。我們所在的繁忙郊區街道此時異常的安靜。

「整件事讓人有點感傷，是不是？」我說著。

「什麼事？」

「藥的事。整件事情。一切都發生得……很快。」

我不確定自己在說些什麼，或是在想著什麼。生活突然間變得很不眞實。我剛剛是不是扼殺了某個東西？同志大衛現在不存在了，我又是誰呢？

「你**希望**我懷孕嗎？」她問道。我不知道該如何回答這個問題。

「不，」我說：「我不希望妳懷孕。」

沒錯，我是有那麼想過的，幻想著戴妮與孩子在身旁的未來，在某種宏觀的想像中，我是過著「正常」生活的快樂異性戀男子。我終於可以是個正常的男人。我的舊時夢想再次回到生命中，只是生活不知何故已不再是簡單的事情了。

「可笑的是我把什麼給拒於門外了。」我輕聲說著。我知道自己說的話大概會讓人摸不著頭緒。「妳會氣我嗎？」

她沉默了一會兒才說：「不會的。嗯，沒錯，我是有受傷的感覺。不知道該怎麼說。大衛，你太多心了，你實在是想太多了。我想是我讓你措手不及的。」

我眞的很喜歡戴妮；當我躺在冰冷死沉的汽車上仰望星空時，我才理解到這一點。我眞的很喜歡她。不過，若是跟戴妮在一塊，那就表示我並不是自己想的那個人。不過就在十二個小時之前，我坐在車裡預計駛離這段迷惘的關係，並重新展開人生的篇章。我想戴妮知道我那時的想法的。

「我很抱歉。」我說著，只是我的話顯得軟弱無力。

一輛黃色的道路救援車駛進街道。

在汽車技工的面前，我們暫時假裝是對快樂的情侶。快速為電池充電之後，車子很快就起死回生了，黃色的道路救援車隨即在街道上消失無蹤。戴妮又坐進了她的車子。

一切就此結束了。再度結束一次。

如同喝下一大口水一樣簡單，或者就像是雨中的快速激吻，也可能是在靜止的夜晚中懸而不決的疑問，戴妮開車離開了。

顯然一切如我所願。

我跟家人出櫃距今已有三年，現在我卻完全失控。我感到糟透了，既因為自己的愚蠢而斷送了一段美好關係，並且又再次傷害了一位自己真心關懷的女孩。

我是同性戀？還是異性戀？我到底是誰？在一座巨大的破爛都市裡當個失業的人，對我的情況完全沒有幫助。我跟家裡的關係疏遠了，這都只能怪罪我自己，但我卻還是拒他們於千里之外。

我感到精疲力盡，就像是已經跑步許多年一樣的累。戴妮說的沒錯，我確實花了太多時間在胡思亂想，而這樣的只會爲我自己招來麻煩而已。同志大衛是個謊言，我完全愚弄了自己。什麼同志統帥？我覺得自己讓同志社群失望了，畢竟我跟一個女孩發生了關係。

到頭來，我終於有了性經驗。然而，那並不是像我期望的那種浪漫情事，我沒有因此而感到滿足。

突然間，我的生活變得完全不同，我能擁有的東西微乎其微。我開始沉浸在自己的失落裡，就那麼迅速地消失在黑暗中。我感到有個絕望的虛空打開了，將我整個人吞沒。

我厭倦了不斷奔跑，厭倦了那種總是覺得自己不夠好的感受。我討厭自己是這種黏人、脆弱、可悲的小男人。要是能夠擺脫這樣的痛苦該會有多好啊？倘若能夠從這種接連不斷的麻煩中解放出來，我的靈魂將會感到多麼地輕鬆自在？

自虛空中擲來了一個誘人的問題，它慢吞吞且躡手躡腳地浮現，彷彿那是再正常不過的問題一樣。

要是我死了會怎樣？

熟悉的陰暗白日夢又開始出現，我可以看得比什麼都清楚：自己的胸膛上壓著六呎厚的泥土，身體被土的重量緩緩地壓碎。躺在那溫軟的黑暗中，我的頭髮逐漸掉落，感覺到自己抓著現實不放的憂慮腦袋慢慢放鬆，我會如此逝去，如同空氣一般，不留下一點痕跡。

這似乎是個合理的解決之道。

我不敢跟任何人吐露心事。假如我尋求協助的話，那只會引起旁人的注意，可是我不想要招致他們關注的眼光。我不值得旁人再看一眼；此外，向別人吐露心事意味著招來一些疑問，像是：「你說你不是同性戀，那是什麼意思」、「你怎麼可以用那種方式對待女孩子？她們想要自殺都是因爲你造成的」，再來就是「你確實背叛了許多人，不是嗎」這些都是我不想回答的問題。

即使是我跟安柏的關係看似如此穩固，剎那間似乎也岌岌可危。我還沒有告訴她事後避孕藥和發生性關係的事。對於跟戴妮有關的話題，她都沉默以對，她相當理性踏實，不放心讓自由不羈的戴妮來照料我脆弱的心。如果我跟她坦白發生了什麼，那就表示我必須承認自己對戴妮眞的有了感覺。要向安柏坦承一切，光是這樣的想法就讓我的腦袋打結。我相信我會失去自己最好的朋友。

但我無法不想戴妮，夢境和思緒繼續糾纏，死亡和自殺的幻想也持續增加。我開始害怕清洗鍋碗瓢盆；我不敢讓自己用刀，不斷地看見赤裸閃亮的刀身在肥皂泡沫下誘惑著我。手中緊握一把刀是件多麼簡單的事……只要我發誓一切是個錯誤……就會讓暗紅的鮮血泉湧落入溫水中。

某日午後，我站在水槽旁，後知後覺地意識到自己已讓這個念頭打轉了一段時間。水槽上方的窗戶正對著鄰居的後院，可以看見他們有好幾個月沒有除草了，乾黃的草地看起來竟荒謬地像是一片麥田，微風輕撫，草葉整齊劃一地搖擺著。面對這驚人的美麗景色，我彷彿恍然夢醒，卻覺得很不眞實，忍不住潸然淚下，就坐在廚房的地板上哭泣了三個小時。

哭完後，我洗完了碗，沖了個澡，繼續著如往常一般的生活，在安柏走進家門時歡迎她回家。

我覺得自己在一段浪漫關係還來不及展開之前，就舉白旗投降了。我需要跟戴妮在一起，我們在車子拋錨時的對話不斷在我腦海中縈繞迴盪。一切突然都不言自明了，我不應該讓她就那樣開車離去。

我傳了簡訊給戴妮，約了時間和她出去喝咖啡。她告訴我自己交了新的男友，我則是盡量展現出快樂的神情聆聽。這個英俊的新男友身材高大強健，戶外活動將他曬得皮膚黝黑；他對生活毫不焦慮，顯然就跟戴妮一樣輕鬆自在。她說，他們的生活開心有趣極了。

我跟她擁抱道別，我們相視而笑，接著我回到自己的車裡。

我想像著自己的車停在曠野，裡頭是我冰冷慘白的身軀。或者，我的臉朝下趴在長長的草叢中，只感覺得到微風輕撫著我的背脊，胸膛下壓著溫暖的泥土；我的心口有一道刺傷，而那把刺了我的刀子正無力地握在我伸出去的手上。

我想出了一個計畫。我要回家拿藥丸和一把刀，之後就駛往某處快速殘酷地自我了斷。我會躺在自己的麥田上，感覺自己消逝於泥土之中。我總算如願以償，即將自由。

當我回到家看見安柏的車正在車道上的時候，我一面停車一面開口咒罵。看來需要鬼鬼祟祟的行動了，我得偷偷拿到藥丸，並且馬上返回車上，也就是說，我要快速進出屋子，過程中不要回應任何問題，就這麼辦。

在我下車時，眼角的餘光瞥見了某樣東西，在亂七八糟的後座上塞了一張寫有電話號碼的紙條。那是我在好幾個月前記下來的，是我跟媽媽問來的，從前的心理醫生蓋瑞的電話，我當時為了研究即將演出的劇本而想要打電話給他。

我拾起了那張紙條，當下就在車道上撥了通電話。

電話轉到了他的語音信箱。

「嗨，」我說：「是蓋瑞嗎？我想我需要幫忙。」

他很快就回電給我，我們隨即安排下周見面的時間。

上了大學不久後，我就沒有再去見過蓋瑞。在瞥見車子後座的電話號碼之前，我從來沒有想過可以跟他談話。答應見面就是答應要繼續活下去，可是我實在很害怕跟他說話。

我發現要談論自己的內心狀態是一件極為困難的事，要跟自己很親近的人開口更是困難。由於不想要讓安柏失望，我根本不敢告訴她自己其實無法控制地感到悲傷和不幸。我也不想要跟家裡說自己感覺糟透了，這樣一來不就證明了他們一直想要幫助我是有充分理由的。我之所以讓自己活在悲慘的境地，無非就是不想要面對他們。

我習慣嚴格地壓抑內心情感。我一直在強顏歡笑，期盼只要自己一直堅持下去，就可以粉碎那威脅生命的深切絕望。我藉助酒精和大麻來抑制情感，可是內心的空虛卻越加巨大，到頭來反而將我整個呑沒。

既然如此，幹嘛要抗拒呢？心理治療到底有什麼好怕的？

事實上，心理治療可以是很嚇人的事。

心理治療是一面鏡子，從鏡面反射出你的內心狀態。你走入治療室，坐下來正面端詳你自己。

對於那些自認不值得活在世上的人，如此一來就像是要直視著撒旦的眼睛。不要搞錯，我不認爲自己是值得別人愛的，我相信自己有足夠的證據來證明這一點。多年以來，我用極佳的表演掩飾了眞正的自己，現在的我已經無法再依靠演戲狂大衛或同志大衛來表演行事了，我有的不過是一具悲傷的軀殼；而在這具軀殼裡面的是幽暗的虛無，裡面住著一個無足輕重、極不快樂、醜陋不堪的人。我幹嘛要去找一個人，付錢給對方來幫助我看清楚那樣的自己？

若要治療一隻斷臂，你必須要檢驗那隻斷掉的手臂，要照X光來加以診斷，以便了解受傷的來龍去脈。你不可能只是打上石膏就希望獲得最佳療效，畢竟若是沒有治療好的話，損傷造成的裂痕將會永久留在骨骼之上。爲了讓手臂痊癒，我是不會羞於進行所有療程的。那麼我爲何會對治療腦袋感到羞恥？

蓋瑞與我進行的是認知行爲治療（Cognitive Behavioural Therapy，簡稱CBT）。在CBT的療程中，心理醫生藉由幫助你釐清思維如何運作，和這對你自己造成的影響，進而協助你引導自己的想法和情緒。就像我說的，這意味著心理醫生通常擔任鏡子的角色，他們會問一些設計過的問題來幫助你探索自己的內心。

身處在那個地方深具挑戰性，而且讓人提心吊膽。而否認就是比較簡單的解脫方法，即便是在治療中也是如此，只要走進診療室，摸透了CBT的遊戲規則之後，就可以永遠藏匿內心的眞實情感。

當我回去見蓋瑞的那個時刻，我可以說是一團糟。我開始娓娓道出自己的一些焦慮。我非常不自在，不過當下我整個人已經被掏空到無法好好感受事物。黑暗的思緒壓抑了我的情緒，快樂、憤怒和熱情彷彿都成了我失落許久的回憶。

蓋瑞訂出了六個星期的治療計畫。

我希望自己也可以說，我和蓋瑞進行的療程眞的讓我了解自己是誰，我不急不忙地道出腦海裡的想法，也解釋了自己持續自我毀滅的緣由。

但我卻還是過不了戴妮的關卡。我爲了失去一段關係而感到悲傷，那段關係全然不在我預期之內，而且對象居然是我不認爲會激起自己性欲的異性，我整個人不知道該怎麼辦才好。我願意吐露的就這麼多，是蓋瑞幫助我梳理了這些思緒。

倘若我打從心裡相信性取向是流動的，的確存在著超越異性戀和同性戀二元化分的生活方式，我被女性所吸引又有什麼大不了的？我的家人和朋友會無法理解嗎？

「你需要告訴別人發生了什麼事，」蓋瑞這麼建議我：「在這方面多做一些。去告訴別人吧。」

我告訴了安柏；我告訴她自己去見了蓋瑞，而且自己已經深感困惑和悲傷好幾個月了。

「你怎麼都沒有跟我說。」她說道。

只見她雙唇緊緊抿著，並且深吸了幾口氣。

我告訴她洗碗的那件事，關於淚流不止和自殺的想法。我用開玩笑的口吻說著：「妳不會相信我差點就做了什麼……」，彷彿那只是個外出酒醉的夜晚。我笑著說完一切。

安柏並不覺得好笑。事實上，她在聽完後就走回自己的房間，並關上房門。那天午後，安柏又變回了那位溫暖友善的朋友，但是我們都不曾再提起這件事。她以大姐姐的角色看護著我，我也讓她這麼做。此外，事情也開始好轉。

我仍跟戴妮保持聯絡，會打電話跟她聊上好幾個小時。

「妳的新男友還好吧？」我問著。

她沉默了一會兒才說：「還不錯啊。」

「我爲妳感到高興，眞是太棒了。」

後來她會到我的住處，我們就只是在床上或沙發上擁抱著彼此，那感覺溫暖人心，充滿情意。

「我不應該這樣抱著妳的。」我對她說。

「爲什麼？」

「妳有男朋友。」

她聽完就起身去泡杯茶：「你說的沒錯。」

可是沒過幾分鐘她又會躺在我的懷中。

我們想維持「只是朋友」的關係，卻似乎徒勞無功。我毫不否認自己被她吸引著，她也爲我著迷。我開始暗中期盼她會跟新男友分手。

我需要建議。

「妳覺得我應該要怎麼做？」我問安柏。

她又再次抿著雙唇。「如果你眞的、**真的**認爲戴妮讓你比較快樂，能讓你的生活比較輕鬆，就放手去愛吧。不過，你應該要好好的想清楚。因爲如果你們結束了，不管是怎麼結束的，你是不會希望自己到頭來又淪落到相同地步的。」

我問了蓋瑞相同的問題。

「嗯，那麼你覺得自己應該要怎麼做呢？」他把問題丟回給我。

這個聰明的混帳東西。

那是我第三次或第四次的療程，自此之後我就沒有再去見他了。

17 無膽奇俠 Gutless Wonder

「爸、媽，我要告訴你們一件事。可能會讓你們抓狂，或許你們是有權利生氣的。我也不知道，而且再也弄不清楚了。我現在有交往的對象，而且對方是個女孩。」

他們愣了一下就笑了出來，兩個人都笑了，媽媽還翻了個白眼。

「大衛，不管怎樣都好，不管你是怎麼想的都好。」

爸爸似乎有些失望：「大衛，我還以為你會為我感到驕傲，因為我已經開始接受你是同志的事實了。前幾天看到一個男同志的時候，我還想著『大衛可能會喜歡他』。」

我的告白再次證明，他們並沒有如我幻想的那樣反應激烈。一連好幾天，我在腦海裡不斷演練著這次的對話，認定我的父母會為了我那似乎永無止盡的困惑而感到憤怒。結果相反，他們一點也不苦惱。

我跟戴妮重燃的關係很快就掩蓋過了一開始對朋友和家人「入櫃」的尷尬。

「某些東西是必須放棄的。」我對她說：「我們不可能這樣繼續下去。」

「可是我們又該怎麼做呢？大衛，我還是想要跟你在一起。」

「我想只有一個方法，就是妳不能再跟其他人交往。妳和我花了這麼多時間在一塊，對他來說也不公平。」

不到幾天，戴妮就跟她的男友分手了。

再也不可能回頭了。我們毫不遲疑地全速奔向彼此，目眩神迷地投入這段關係。就是如此，一切大勢底定。

就這麼過了好幾個星期，每一個星期都像是個里程碑。戴妮從來不曾有超過兩個月的關係，等到我們交往到九個星期時，那彷彿像是我們達成了什麼。這是一段眞正快樂的關係。我對此的慶祝方式就是盡可能順著戴妮的性情，讓她所有的怪念頭都一一成眞。

戴妮讓我時時刻刻都感到快樂。我發掘出許多自己以前不曾有過的正面情緒，跟戴妮在一起讓生活變得輕鬆許多，她對我唯一的批評就是我想太多了，也盡力讓我不要沉溺在自己的思緒之中。這種轉變是件好事，我愛上了戴妮輕鬆自在的生活方式。

可是我卻懷疑自己處於危險之中。自在？輕鬆？這不符合我對一段嚴肅投入的長期關係的想像。每次只要我想嚴肅一點討論我們的未來，戴妮就會變得很安靜。我可以察覺到自己在玩著微妙的遊戲，要是一不小心的話，自己過度分析的態度可能會讓戴妮離我而去。我們在許多方面都相當不同，我因此試著改變自己來減少彼此的差異，希望我們可以長久快樂地在一起。

我試著擁抱自在的嬉皮態度。我開始穿起漁夫褲和紮染T恤；我開始跟戴妮一起參加派對，並說服自己是個外向的人。至於我們的未來和我們的關係要如何進行下去，我極盡所能地不再去想這一類的事情。

總而言之，失去戴妮實在太過可怕，我想都不敢想。幹嘛要想呢？如果聰明如我可以讓她快樂，根本不需要去想沒有她在身邊的生活。

對於如何經營一段長久關係我有些看法，而這些看法大多來自於電影，再加上我自己觀察過的成功案例。維繫關係是需要忠誠和承諾的，也不能缺少妥協和改變。我因此再次變成了另外一個人，我是戴妮討人喜歡的男友，我行事閒散到幾乎要把自己給絆倒了。

戴妮在工作上則如輕風一樣飄忽不定。自教師學程畢業之後，她又拿了服裝製作的證書，然後又想要從事視覺藝術，接著是想當護士，而在這過程中，她還在不同的咖啡館當服務生。我掙扎著適應她這種恣意對待專業生涯的方式，後來也開始帶著某種漠然來面對自己的工作願景，不再思考未來的職業生涯。

對於工作，我們忠於隨波逐流；也就是說，我們忠於沒有承諾。

戴妮非常善於社交，而且極為外向。參加完派對後回到家，她還是精神奕奕，我卻感覺虛脫。這種內向性格帶來的疲憊是我掙扎著想要改變的，卻也成為我們關係緊張的最大來源。我盡己所能跟她和她的朋友飲酒作樂和瘋狂聊天，一起度過漫漫長夜，但是力氣很快就被消磨殆盡。同樣的，在電視前舒服地度過夜晚，這對戴妮來說就跟打起精神拜訪當地的殯儀館沒有兩樣。我們試著接納彼此，讓各自的性格在過程中都遭到了扭曲。

關於我們遠大的生活目標，戴妮確實有一個特定的願景，簡單而且眞實，那就是買輛露營車做為我們的家，然後到澳洲四處旅行遊走。

我認為那是可以讓我們繼續交往的目標，因此訂出了一個計畫。

再過幾個月，我跟安柏同居的房子租約即將到期，我和戴妮可以利用這幾個月的時間存錢，我們可以買輛露營車啟程上路。

完全沒錯，那就是整個計畫，細節不多，但是想法宏大。我們沒有花心思增補什麼細節；幾個月後，我把自己大部分的家當存放到倉庫，接著就坐進了一輛豐田露營車裡，這輛車剛被一對受到風吹日曬而氣味不佳的嬉皮伴侶當成家。

我結束了跟安柏的租約。這一切對當時的我而言是完美且相當合理的。作爲一個好姐姐，安柏沒有說些什麼；我們不能夠再住在一起了，雖然我後來會爲這個決定感到後悔。

那輛露營車花了我們五千元澳幣，我們五五分帳，當時我只有二千五百元澳幣的積蓄。戴妮一直在當女服務生，我則在大學爲唐娜批改試卷，畢竟在布里斯本的獨立劇院表演是賺不到錢的。買下那輛露營車的那一天，感覺就像是我們在世上下了大賭注，再也不能回頭了；那是對於我們共有未來的重大投資。

戴妮把露營車命名爲「無膽奇俠」，暱稱爲「膽小鬼」，而沒有採用安柏根據車子的顏色而建議的「尿液」。

這實在是很瘋狂，無限的可能將在我們前方展開。

「我只是想確定你眞的不要批改試卷工作的新合約？」唐娜在我啟程的前幾天寄來了一封電子郵件。

完全不需要！我有的是寬廣的道路！可以摘採水果過活，不是嗎？雖然還不知道那將如何達成，但是那樣做就可以支付我們的油錢和飯錢了。不需要合約，謝謝妳的關心！

「我只是想確定你不是爲了取悅別人而改變自己。」安柏在我們要啟程之前悄悄說道。

不是的！我就是這樣的人。妳還搞不清楚嗎？都認識我這麼久了？我現在是自由的！我要跟心愛的女孩一起啟程上路了！

「你有沒有買車險？有沒有請汽車技工檢查一遍車子？」媽媽在電話中問我。

唉，我們根本付不起。可是我相信一切都不會有問題的。我知道要如何更換爆掉的輪胎！這是一趟探險之旅！

我們帶著成功的信念和共有的一千元澳幣就上路了，開始往西部走。

上路的第一天，我們預計去拜訪一個朋友，朋友就住在距布里斯本約六小時車程的聖喬治市，一天就能到達，這是第一天上路可以輕易完成的目標。

距聖喬治市還有一個小時車程的時候，我們聽見了一聲噪音，「碰」的巨大聲響。

「那是我們車子發出來的嗎？」戴妮問我。

我很快就對狀況做出完整的機械性評估；先觀察一下眼前的路況後，再從駕駛座轉頭環視車子內部。

「我想應該沒有問題吧。」

接著才過了不到三十秒，戴妮就相當驚慌地說：「水溫表的溫度開始往上爬了。我想車子引擎太熱。」

她都還沒有說完整句話，露營車的前方就開始冒煙了，只聽見我們後方又發出了另外一聲巨大聲響。

就我所知關於引擎的知識，我知道引擎過熱絕非好事。我們隨即把車子停到路旁的紅土邊上。

我下車掀開乘客座位來查看底下一團亂的引擎，它可以說是燙到不行。

「我們現在要怎麼辦？」戴妮問著。

我聳聳肩。

「我想我們就等引擎冷卻下來吧。」

當時已過了下午好一陣子，我們處於距離聖喬治市一小時車程的地方，簡單來說就是一個鳥不生蛋的地方。筆直的大路在我們前後不斷延展，只能聽見四周蠻荒野地的乾燥低鳴。

我盡了最大的力量來提醒自己：我們正在探險。

我們在路邊待了約一個小時來等待引擎冷卻。繼續上路後，才開了幾公里就又發生相同的狀況。引擎熱得發燙，我們只得再次停車，等了一會兒後，我小心地拔下了散熱器的蓋子。我們在後車廂備有三公升的水來應付這類的狀況（是的，我們還是有準備的）。狂暴饑渴的露營車一股腦地咕嚕咕嚕喝下了所有的水。

好的，這樣應該就可以解決問題了。

這次我們開了五公里後又必須停下車來。我們重複了相同的步驟，只是這一次是把準備的瓶裝飲用水倒入散熱器。此刻太陽正要下山，我們也沒有水了。

再開了幾公里後，我們再次停車，距第一次停車的時間已經過了兩個小時，我們卻只前進了約十公里。

我試著評估目前的情況：「電話也收不到訊號。」

「是啊。」

「沒有水了。」

「沒錯。」

「快要天黑了。」

「是的。」

「我們每次只能開幾公里。」

「就是這樣。可能是吧。我也不清楚。但是可能會有危險，還是不開車的好。」

我們茫然地望著彼此，希望有人可以想出辦法，可是卻都一點主意也沒有。

我們沒有其他選擇，只能放棄露營車了。我站在公路邊開始伸出大拇指來攔車。接下來的二十分鐘，當我冒著幾乎被兩輛大卡車輾過的危險之後，終於有輛小卡車在我們身後的泥地停了下來。一位高大的灰髮中年男子下了車，快速地檢查一下我們的車子。

他好心地告訴我們，車子的散熱器壞了，如果不拖吊的話，我們約每十公里就要停車在散熱器中裝滿水，這樣才可能開到聖喬治市。「膽小鬼」急需進廠維修。

我們就這樣以一次十公里的速度開往聖喬治市，那位善心的男人全程跟在我們後頭，他是在地人，很清楚當地的溪流所在，每當我們必須停車時，他就會跑進草叢去裝水，然後注滿露營車的散熱器。本來應該是一小時的車程，最後卻花了五個小時。當我們終於開到位於聖喬治市的朋友家時，那個男人就此揮手道別離去。

我不知道他的名字，後來也不曾再見過他。

「膽小鬼」算是壽終正寢了，帶著我們的夢一同死去。

二十四小時之後，我接到了修車師傅的電話。

「你坐下了嗎？」

「我坐好了。」我說。

滿臉期望的戴妮在房間的另一頭看著我講電話。

「車子掛了。散熱器壞了，引擎要整個換新，大概要超過五千元澳幣才能修好，這台車可能都還不值這麼多錢。」

「這樣啊，我知道了。」

我告訴了戴妮這個消息，她聽完後就哭了。修車師傅把「膽小鬼」拖放到朋友家的後院。我們必須決定要放棄或是修理這輛露營車。不管決定為何，我們都需要有人載我們回布里斯本。現在的我們很窮，而且無家可歸。

我們被一位朋友收容，在難忍的熾熱中貧困地度過那個夏天。我們心不甘情不願地回去工作。戴妮水晶般的夢想破碎了，我們的未來也變成了一片空白。

我努力讓自己冷靜下來，但是焦慮讓我整個人崩潰了。當我們輪流在她的姐姐和不同朋友的沙發上打游擊的時候，戴妮照料著恐慌發作的我。我從來沒有無家可歸的經驗，缺乏規律和穩定的生活作息讓我抓狂，我們就像是沒有下錨一般地隨波逐流。同樣的，當戴妮為了重新存錢，投身於辛苦的餐飲業時，我也照料著滿是淚水和沮喪的她。

在這段期間，「膽小鬼」仍然停在聖喬治市。但是我有個夥伴，或者應該說是一個朋友的丈夫，他比大部分的人都要懂引擎，他覺得我們或許可以重新打造露營車。這個人是泰德，是我的大學老師唐娜的先生。我依舊跟唐娜保持密切的聯繫，定期會去當她小孩的保母。

泰德陪我來回花了十八個小時去取回露營車，我們把那悲哀的東西拖到了泰德位於布里斯本的家中的車道上。整個夏天，泰德和我都在把車子的引擎徹底翻新。

當我詢問戴妮想不想要來一起幫忙修車時，她說自己很笨拙，不想要讓我們礙手礙腳。我點頭說好，可是心裡卻感到憤怒。想讓她快樂的欲望已經被消磨殆盡了，但是我沒有表達出自己的惱怒，我們的談話也不再有任何的意義。我突然怨恨自己放棄了一切和自己所做的改變，而我也可以感受到戴妮的罪惡感，我們兩人的關係急遽惡化，只是我還是決心要維持這段關係。我不能沒有這段感情，不能是現在，尤其在發生了這一連串的事情後。此外，我愛戴妮；說到底，這不就是我們所需要的嗎？

我了解了汽油、汽車區軸和散熱器，這是從我自己想要成為的那種男人身上學來的，他是機靈且重視家庭的好丈夫和好爸爸。泰德是理想的男人，友善而且對我非常親切；我們擁有共同的流行文化品味，隨即變成了朋友。花了三個月的時間，又投入辛苦工作所攢下來的幾千元澳幣和無數汗水，「膽小鬼」起死回生了。那個艱困的夏天終於要結束，而新的一年即將到來。

過去，我們花了九個月的時間追逐戴妮的夢想，當夢想破滅時，我挺身而出控制一切，因爲我認爲那是一個男人應該扛起的責任。我嘗試規畫出一個會讓戴妮快樂的生活。

戴妮先前受過教師和製作服裝的訓練，現在可以當女演員，我們兩人可以回到家鄉重新開始。我可以回到之前的大學教書，寬宏大量的唐娜會給我工作；戴妮則可以學習表演。

我們有好多夜晚都待在屋裡看電視，我們的對話卻越來越少，彼此心中的陰影不斷擴大。我們曾經跳動得那麼急切的心，如今卻逐漸枯萎而緩慢下來。

某一天，當戴妮說要離開我，我哀求她留下。她心軟了，又留了約三個月。然而，那是行不通的，留下來也沒有用了。

我們不快樂地在一起好幾個月；我們心慌到不敢有所改變，我們就待在不快樂之中，我們甚至連提分手都不敢。

我很驚訝我們竟然可以在一起那麼久，我們是不同世界的兩個人。戴妮是個很棒的人，教會了我各式各樣關於自己的事情，都是我以前不了解的。對於我們兩人來說，這是一段眞實且重要的關係。不過，不知不覺的，我又陷入了自己一生中不斷陷入的相同陷阱裡。這次不是演戲狂大衛或同志大衛，而是「戴妮的男朋友」，這是我極爲認眞對待的角色，只是如此一來，卻讓這段關係打從一開始就注定失敗，那麼輕鬆自在的戴妮也被我的依賴和恐懼束縛住了。

我們站在廚房裡，各自端著一碗穀物麥片，除了吃早餐發出的咀嚼聲響之外，聽不見其他聲音。

「我想我沒辦法繼續這段關係了。」她說。

我緩緩地點了點頭。對此並不感到意外。

「但是我愛你。」她對著沉默的空氣說道。

「我也愛妳。」我回道。

「我們還是朋友。」

「我們可以再試一試。」我說著連我自己也不相信的話。

戴妮搖頭說道：「我不這樣認爲。」

我搬離住處並留下露營車，逃回了布里斯本。我不知道自己究竟是該往前走，還是永久地向後退。由於太害怕而不敢停下來，我盡可能地繼續快速移動。

我再次單身了，又一次失去了戴妮。我的心又再一次陷入了相同的境地。

我搬進一棟豪華公寓底層的一間單人房，樓上住的是快樂的房東夫婦。我隨即就陷入孤寂之中。

我開始扭曲分手的記憶。我開始相信戴妮不愛我了。不過，我卻拚命抓著她而不願放手——妳怎麼可以就這樣不再愛一個人呢？或許我們可以試試開放式的交往關係？或者先分手半年看結果如何再說？

我再度陷入虛無之中，周圍聚攏的是比以往更深的幽暗。我全然忽略過去習得的自救知識，我眞的很累；我似乎永遠也逃脫不出困住自己的無盡輪迴。

何必再麻煩自己從床鋪爬起來去看心理醫生呢？清楚這一切的我早就嘗試過了。我無意修補自我認同，那必然會再次變成我要放棄的某種東西。每一次我試著重建自己，到頭來都是陷入同樣的悲慘境地。

到了年尾，我擬好了一份自殺的具體計畫，決心要將之付諸實行。

18 陷得太深

Too Far Gone

自殺並不像想像的那麼簡單，需要承諾和很多規畫才能「正確」執行。

舉例來說，想像一下因爲做得不對而在醫院醒來，沒做好你就變成一個只是試圖自殺的人。我不想要面對父母和朋友，更不想要解釋原因。我也不希望每個人都像隻老鷹一樣地監看我，只要我的心情不佳，就一定會受到特別「看管」。

更糟的是，要是我變成植物人呢？我想像著自己的身軀在醫院刺目的日光燈下顯得薄弱而蒼白，我殘存的身體靠著機器維生，機器微弱的嗶嗶聲只許諾著不可能的結果——「是的，我還活著！」可是卻只剩下一口氣；我媽會點頭同意拔管。那是多糟的情況啊，自己自殺失敗，我媽卻要被迫變成劊子手？讓自己深愛的人必須處於那樣的境地，簡直是做人太失敗了。

基於類似的原因，我也不特別想讓朋友、家人、甚至只是點頭之交的人發現自己的屍體，那樣只會在他們心中留下無比的創傷。

我爲身邊的每一個人設想很多。我不敢說有自殺傾向的人都會如此，可是我確實是這樣的；我從不懷疑身邊的人是關心我的。我希望自己離開這個世界不是因爲沒有得到足夠的愛，只是再多的濃烈關愛都不可能讓我變好。

都是我自己的關係。我討厭自己，討厭內心無盡的黑色虛空，悔意、焦慮和虛無將我緊緊纏捆著。我將自己的信任放在一些結構與規範之上，但是這些都已經隨著心碎的血淚而從我手裡溜走。中學生活、性取向和女朋友，這一切都已經離我而去。因爲我是無名小卒，所以從不曾想過要相信自己，相信自己可以弄明白自己是誰。我沒有自我認同，唯一有的就只是深黑的空虛。

正是因爲如此，我告訴自己我必須要死。

我的心緒開始耽溺在死亡的想法之中。天花板的每根木樑都成了結束一切的機會，我看到自己的身體軟趴趴地懸掛著，隨著繩索輕微搖晃，我的靈魂也隨之消散於空氣之中。

讓我困擾的並不是自殺的方式。上吊似乎還好，算是可行的方法，不過用槍解決是最簡單快速的。如果我有辦法買到槍，我大概會舉槍自盡。溺斃也行得通，這是詩人的死亡手段；不過，我害怕身體會背叛自己的意志，死亡來得過慢，我會在最後一刻掙扎浮出水面，結果只會更加憎恨自己。

不過，溺斃還是個不錯的方式，這個方法執行起來不難，只要找個夠隱密的地方就能夠付諸實行。

我有想過吞藥自殺，這些小瓶裝的毒藥可以造就簡潔的終局。但是在吞藥自殺的過程中，我的身體可能又會掙扎反擊，虛弱的胃可能會吐出所有東西；另外要是我最後只有腦死怎麼辦啊？

不斷反覆循環思量，這些想法變得異常精準和精巧——計畫、研究、了解每個方法的執行步驟。一切似乎就只是時間的問題了。有些時候，像是從某個可怕的夢魘中清醒過來，我會理解到這是完全不對勁的想法。我不該這麼想的，一定得要做些什麼來改變現狀才行。

去見蓋瑞似乎太痛苦，而且又有什麼意義呢？最後我只會再度落入相同的空虛之中。其實還有一個我從未嘗試過的方法，我想現在試一試也不會有什麼損失的。

在我居住的郊區有家破舊擁擠的醫學中心。雖然我從未到那裡就診過，但還是打了電話預約一位家庭醫師看診。

我在候診室讀著一本被翻爛的《婦女生活》（*Woman's Day*），等著看診，身邊都是咳嗽的小孩和睡眼惺忪的父母，候診室的一角擺了棵耶誕樹，播音系統中不斷傳來微弱的流行耶誕歌曲。今天是十二月二十二日。

一位年輕的男醫生喚我進診間，當我坐下時，他給了我一個親切的笑容。

「哪裡不舒服呢？」

我不安地咳了一聲。如果想說的話，就需要說出來，說出來就好了。

「我……嗯……我得過憂鬱症，我現在覺得很……嗯……我也不知道……」

醫生緩緩點了點頭。

「你現在會想要傷害自己嗎？」他不帶情緒地問我。

我低下了頭說道：「嗯，會。」

「你做了傷害自己的事嗎？」

「還沒有。」

「你一個人嗎？」

他的問題讓我困惑。他的意思是什麼？是問我是不是一個人住？還是問我有沒有朋友？我不了解他想問些什麼。

是的，我是孤單一人！我想要對他吶喊，我就是天殺的怕到屁滾尿流的孤家寡人！

「嗯，我……有朋友和什麼的。」（當然，安柏、拉維和唐娜都不知道發生了什麼。）

「好。」醫生點頭說道，接著很快寫了張處方箋，開完後就撕下遞給我。

「你吃過抗憂鬱症的藥物嗎？」他問我。

「沒有。」

「每天服用一顆，睡前才吃。這些藥會讓你有點想睡覺。」

那就是我們全部的互動過程，我在他的診間只待了不到四分鐘。

我很困惑，撥了電話給蓋瑞。我想知道那是什麼藥、對我有什麼影響、以及是否會藥物上癮。他很快地研究了一番後回撥電話給我。

「如果你覺得需要，就吃藥。」他說著：「但是你要知道，有過一些病例報告指出這種藥反而會加重自殺的想法，特別是年輕人。如果你覺得需要吃藥才能度過耶誕節，就吃吧。只是要小心。你也應該要跟我預約看診。」

我們道了再見。我掛上電話，心裡卻更困惑了。我要吃藥嗎？如果藥物讓情況更糟怎麼辦？是不是有可能反而因爲用藥過量而自我了結呢？

沒有多想，我撥了電話給爸媽。簡短問候後，我跟他們說我去看了一位家庭醫生。

「看看是不是能夠幫幫我……你知道的……我跟戴妮分手。我拿了一些藥。」

「噢，大衛，」爸爸說著：「小子，我想那是正確的決定。你需要照顧你自己。」

「快回家，」媽媽說著：「回家吃藥，讓自己好起來吧。」

我推辭了這個建議，只說道：「沒關係，沒什麼大不了的。」

我們就道了再見。

那晚，我獨自待在房裡，和水吞下了一顆藥丸。當時是晚上七點，半個小時之後我就沉沉睡去，消失在寬容的黑暗裡。

屁股口袋裡的震動鈴聲吵醒了我。我覺得自己好像增加了一百公斤，我整個身體沉甸甸的，每一塊肌肉彷彿都是鉛塊。我深深吸呼，使勁地要睜開雙眼，光線似乎要灼傷我的眼睛。我接起了電話。

是戴妮，她打了電話給我。

「哈囉？」我的聲音沙啞破碎。

「嗨。」她說。

然後是一陣沉默。

我的腦袋運轉速度慢到我說不出話來。我不知道該說些什麼。已經是大白天了，不知道現在幾點了？

「你還好嗎？」電話那一端傳來了聲音。戴妮正在電話線上，她正在跟我講電話，我卻不記得……

「我，嗯……」我的聲音逐漸變弱。

「大衛？」

「我吃了藥，抗憂鬱症的藥，嗯。」

現在是幾點了？

「噢。」她的聲音因爲恍然大悟而顯得沉重。

我身上還穿著前一天的衣服。

「我晚點再打給妳。」說完我就掛上了電話，並且看了一下時間，已經早上十一點半了。

我跌跌撞撞地往浴室走去，周遭的世界似乎都在旋轉變化。我感覺自己的靈魂好像離開了身體，連挪動一下的力氣都沒有了。

我站在浴室裡，一面任由熱水沖淋身體，一面不斷禱告。拜託，老天，拜託，要是祢還有一絲仁慈的話，就殺了我吧。請不要再管我了。拜託，拜託，拜託，讓我死了吧。

我回到床上躺著，那是我唯一還有力氣辦到的事。如果手邊有一把槍，不然一把刀也可以，我一定會用。

可是我身邊什麼也沒有，所以我就又睡了一下午。

當我醒來之後，藥效也慢慢消退，我知道自己是不會再吃藥了。根本沒有必要，畢竟我只會再多活個幾天罷了。

反覆思量之後，我有了肯定的結論。用車子來自我了斷，這是合理的想法。我的膽子太小，不敢用刀刺自己；我知道跳海自殺的話，結果會是我自己游上岸來嘔吐滿腹的海水。我的懦弱又會讓我找到理由來憎恨自己。不過，在我的五門房車裡引廢氣自殺似乎也是適當的結束方式。

我這麼想已經有好一段時間了。就在最後一次回到跟戴妮同居的屋裡拿東西的時候，我在車子後座藏了一條偷來的花園水管，管子放在車子裡好幾個星期，只等著我採取最後的行動。

我在車子後座放了一堆舊毛巾，以便用來控制廢氣的流通。我在電視上看過，汽車的窗戶和門都要用毛巾堵住，這麼做才不會讓廢氣散逸或淡掉。

爲了讓那些被留在世間的親友好好過耶誕節，我發誓再忍耐一個星期。我先是跟整個家族過了耶誕節，然後再跟媽爸共度了幾天的時光。

跟父母共處的時光讓我有些罪惡感，我覺得我需要確認自己的確爲了快樂起來而盡了最大的努力。

我又跑去見戴妮，求她再次接納我。

我們約在一家咖啡館碰面。戴妮看來一派喜悅、輕鬆和自由，全然不是我們交往最後六個月時的模樣，她是快樂的。眼前所見的一切讓我不禁打了退堂鼓。

「我都忘了自己有多愛男人！」她尖聲說著，開懷大笑，跟我分享她又可以跟別人調情的那一份愉悅。

縱然我感到悲傷，但我也理解到事情原本就應該如此才對。戴妮只是忠於自己，我不能要求她去做違背己意的事。是時候該放手了；她其實早就離開了，一切是不可能回頭了。

我在那一天也見了其他的朋友。我們在泰德的家裡玩桌遊，我也因此有機會跟安柏說說話。此時的我有好友願意傾聽。不過，這都不重要了，畢竟我已經陷得太深了。

車子已經就緒。

我也準備就緒。

就是這樣。

在布里斯本的住處外頭，我坐進了車子前座，開始思考著應該要把車子開到哪裡停好才能孤單一人。車窗外大雨如注，我想著這會不會影響到汽車的廢氣。現在是傍晚。我會找到一個地點，或許是自己多年以來夢想的那片摯愛的麥田，然後就漸漸離開而沒入落日之中。

我用手機上網搜尋了自己的自殺方法。我想要確定一切會正確進行。太陽下山了，雨下得更大，整個天空變得灰灰暗暗的。手上明亮的螢幕對著我閃爍，我看見自己的自殺計畫也隨著大雨逐漸融逝。麥田的浪漫景致消失了，我需要一個密閉空間來讓汽車廢氣發生作用。看來住在樓上的善良夫婦將會在車庫發現我的屍體，不過我也只能接受這樣的結局。

如此一來卻讓一切變得更加困難。

快速地瀏覽過維基百科之後，我發現了其他的問題。一九七〇年代之後出廠的車子都安裝了觸媒轉化器，這是能大量減低汽車廢氣毒性的裝置。我的車是在二〇〇〇年出廠，無鉛乙醇燃料顯然是起不了作用的。當然，我給車子加的是乙醇燃料。

眞是的。

我啟動了車子就開始亂開，如此開了兩個鐘頭。馬路相當濕滑，我有想過要把破破爛爛的車子猛衝上公路。不過，除非自己能夠滑到另一部車的車道，否則我無法保證自己一定會死。此外，我也不想要讓一位無辜的卡車司機的心靈受創。我眞的是迫切地想要找個美好寬厚的方式了結自己。

可是根本就沒有這種方式。沒有人可以擦拭掉自己留下的痕跡。

幾乎是在不經思索的情形下，我就開到了爸媽家的門口。

當我停好車的時候，已經是午夜了。爸爸竟然還沒有睡，完全不像他平日的習慣。我則是沒有意識到自己一直在哭泣，而且已經這樣哭泣了好幾個鐘頭。

「我沒事。」我一邊啜泣一邊堅持著。

爸爸只是點點頭。我已經有好多年都沒有在他面前哭了。屋內的其他地方一片寂靜。

「大衛，」他問道：「怎麼了？」

在漆黑的客廳中，電視上的龐德電影被轉成靜音，我則低聲泣訴著自己的痛苦。

「我真的不了解，」我不斷重覆說著：「我只想要跟她在一起。」

爸爸點頭聽著。跟媽媽在一起之前，他有過一位女朋友，當時他也有一樣的感覺，這是我從來不曾知道的事情。

「我知道很糟，也無法說些什麼來讓你不會感到心痛。」他說：「我只能夠告訴你，一切都會隨著時間好轉的。如果你可以度過這一切，過得了這一關，你之後是不會再回頭看的，你也會一輩子從中受益。」

我到了三更半夜才回到床上睡覺。

我就這麼活過了那一天。

19 如何不快樂 How to Be Unhappy

「首先你需要做的，就是承認情況的嚴重性。」蓋瑞一臉嚴肅地說著：「你現在是處於嚴重憂鬱的狀態。如果你不做一些有意義的行動來讓自己好起來，那我們就必須要做些決定，比如你可能需要住院治療。」

這樣啊。哇。好吧。

住院治療？

我想像自己身在一間白色的病房裡，躺在白色的病床上，周圍有著白色的家具。自己無法再掌控自己的生命。可以卸下責任重擔，這感覺應該很不錯，只不過活得那麼難堪有點痛苦吧。

「我覺得自己很孤單。」我這麼說著。

「你沒有朋友可以談一談嗎？」蓋瑞問我。

我開始列出自己的好友。

安柏。

拉維。

妮娜。

唐娜和泰德。

我還想繼續列下去，可是蓋瑞釋懷的笑聲打斷了我。

「你需要去跟這些朋友聊一聊，」他說：「多數在你這種狀態的人都是一個人，往往不容易跟人建立長久或有意義的關係。你需要利用你擁有的這些支援，這就是你這星期的功課。」

那天晚上，當我離開蓋瑞的辦公室時，拉維和妮娜正在路邊等我。妮娜手裡抓著熱水瓶，抱怨著自己的經痛；拉維則在一旁抽菸，他給了我一個擁抱。我們一起去了公園，讓自己迷失在黑夜裡，像個孩子般玩著公園裡的遊戲設施。雨下了一整天了，可是在月亮升起時就停了。在拉維的鼓勵之下，我衝上了溜滑梯的頂端。

「等一下，」我從上面大喊：「底下是濕的嗎？」

他們遲疑了一下。

「沒濕。」他們兩人齊聲回道。

我就從上頭滑下去，結果在底部濺起了一大片水花。

我的褲子全濕了，像是尿了褲子一般。我們笑到停不來。

回程中，我們三人晃到了加油站。拉維的車子快要沒有油了，他也很缺錢；儘管在漆黑的深夜中，拉維卻戴著太陽眼鏡。妮娜抱著熱水瓶不斷按摩自己的頭部，瘦弱憔悴的我看起來則像是剛瀉了一褲子。

站櫃台的笨頭笨腦年輕人搞不懂我們，竟然會爲了要用手上的零錢來買哪一種冰淇淋而起爭執。我們在櫃台排隊付帳，拉維拿出信用卡插入機器來付款。

他轉向我，用嘴角悄聲說著：「你們祝我好運吧。」

我不禁咯咯地笑了出來，這實在是我聽過最好笑的事。不出一會兒，拉維和妮娜也咯咯地笑起來。那個年輕人的關切只是讓情況更糟，我們三人笑得人仰馬翻。

我笑了好久好久，原來自己一連幾個月來都沒有好好地笑過。

我們帶著炸魚薯條之類的油膩晚餐爬到了城區的水塔頂端，那裡是我們大學時代常摸黑鬼混的地方。整個城市都在我們腳下，我不禁想著，在城裡的某處必然有著像我一樣的人，想要了斷自己的生命，或者是承受著慢慢積累的壓力而讓自己瀕臨崩潰，這些人現在都不像我一樣，有兩個朋友陪伴，一同待在水塔頂端。

我深呼吸，對妮娜和拉維全盤托出一切。

拉維聽完後什麼也沒說，就只是擁抱我，用力地擁抱了好久。

妮娜停頓了一下，接著看著我的眼睛：「如果你真的那麼做了，我不會原諒你的。」她開口說道：「我想我會不敢參加你的喪禮。大衛，那是懦夫的做法，你又不是懦夫，你比那種人強多了。千萬別做那種蠢事。」

我點了點頭。她的反應讓我訝異，也震撼了我，自此之後，我常常會想起她的這一番話。

在我的生命中，不知有過多少次，我告訴朋友和家人自己並沒有對他們完全誠實。然而，這次的告白卻比承認自己的性取向感受更糟，這一次感受到的並不是焦慮，而是羞恥。妮娜的反應和拉維的笑聲，讓我了解到自己是如何拒他人於千里之外。

唐娜和我外出吃晚餐。我不知道應該如何開口，就只能把整件事當成一個荒謬的玩笑來告訴她：「**接下來**我才發現廢氣**毒死**不了自己！這是只有我身上才會發生的蠢事！」

唐娜的眼神深邃而悲傷。她相當輕柔地說著：「大衛，你知道的，如果你眞的那麼做了，我就必須要跟我的兒子們說你發生了什麼事。大衛，他們很愛你的，千萬別讓我那麼做。」

是的，說得對。

我提不起勇氣告訴安柏。我沒有辦法好好跟她說話，我感到很慚愧。不過就像世上所有的好姐姐一樣，她是了解的，而且會籌畫一連串的行動來支持我。

在那段時間，像是在晚上去遊樂場玩、外出看場電影，或者是用電話聊天打屁，就是這些小事情拉了我一把。我眞的不想談論發生在自己身上的事，我不要別人以憐憫的眼光看著我說：「所以你還好吧？」那會讓我巴不得趕緊離開。我需要朋友們還是跟之前一樣，只是可以陪在我身邊。這樣就夠了，我的生命就這樣被挽回了。

我搬回家跟爸媽和雙胞胎一起住。不再需要擔心房租和食物，讓我卸下了積壓在腦袋裡的很多壓力，也能夠開始思考如何讓自己不再次陷入黑暗。

自從十三歲起，這是我第一次不再汲汲營營於要受人喜愛和歡迎，不再擔心要尋找新的自我角色。我知道自己不會失去拉維、安柏和妮娜，他們都是全力支持我的好友，而我不需要特意取悅他們。我的父母親切地迎接我回家住。我是有人支持的。

不過，我也曾是個數度想要幫助他人的人。我曾經極力想要幫助瑪莉，到頭來卻只是在過程中把自己搞得灰頭土臉。我知道身心健康的最終責任還是在自己身上，只有自己才能夠讓一切好轉。

我接受一份新的教書工作，同時接下了兩個有給薪的劇場計畫。

我茫然安靜地度過每天的生活，不知道自己到頭來怎麼還是跟家人住在一起。

我通常比家裡的人都要早起，在太陽剛升起時就會醒來。我會慢吞吞地走到廚房去，按下水壺的開關燒開水；喝了一杯茶後，我會坐下來收電子郵件和處理日常瑣事，可能當天晚一點會有些會議，但在早上十點前我就會做完大部分的工作。我會再泡一杯茶，一邊聽著收音機裡的ＡＢＣ頻道，一邊解三到四個數獨遊戲。如此的晨間規律小作息讓我得以平靜下來，感覺自己的腦袋變緩，進入了一種自然的安靜節奏。

中午過後，我就會變得有些焦躁不安，而需要把精力投注在某件事情上。我會找一份複雜的食譜，來製作巧克力夾層蛋糕、淋上特製醬汁的義式麵疙瘩或黃金糖漿餃；聽著iPod裡的《享受吧，一個人的旅行》（*Eat Pray Love*）有聲書，並把廚房弄得一團亂。等到傍晚的時候，我會完成一桌怪異的菜色，有些菜餚做得令人食指大動，有些則是失敗到難以下嚥。我並不在乎成品的好壞，只希望讓自己的手腳和腦袋可以保持在忙碌的狀態。

到了晚上，我的晚餐會搭配一杯酒，這就是我一天會喝下的酒精量。由於現在跟父母同住，我也放棄了偶爾吸食大麻的習慣。

總體而言，生活變得簡單平靜；我還是孤單一人，但是這並不讓人害怕。

事實上，這樣的生活很不錯。

幸福依舊是個讓我困惑的概念，但是我可以確定自己是平靜的。當我爲自己建立起了這樣小小的規律生活，雖然花了許多時間，但是焦慮也一點一點的消逝了。

許多日子都很無聊，也會有很糟的時候。

有天晚上，當全家人都已經上床就寢了，我還在隨便瀏覽臉書。我看到戴妮被標註在一段上傳的影像上，播放鍵就那麼緊抓著我，等著我按下。從網頁上可以看見的定格模糊影像，我知道自己大概不會喜歡即將要看到的東西，那是戴妮與身旁男人在漆黑舞池中的影像。

我想自己應該要關上電腦，上床睡覺。

我卻按了撥放鍵。

只見戴妮跳著慢舞，跟一個我認不出來是誰的男人調情，背景有音樂轟轟作響，而拍攝的人則在一旁笑著。影片總長三十秒。

我的呼吸變得短促，覺得自己快要吐了，我的皮膚痛到讓我想要剝除它。我需要打某個東西來發洩，或者乾脆打自己，或者去揍影片裡的男人。我想要大叫，但是又不想吵醒全家人。當下我甚至不再想著那段影片，就只是覺得痛，覺得全身紅腫發痛。

我在地板上啜泣成一團。

「好，那接下來還發生了什麼事？」

蓋瑞在我對面翹腳坐著。我換了一下坐姿開始回想。

「我躺在地上一陣子，然後就上床睡覺了。」

「你後來有什麼感覺？」

「空虛。精疲力盡。」

蓋瑞點頭說道：「聽起來好像是恐慌發作。」

「只是因爲看了一段影片就崩潰也太可悲了吧。」

「你常常這樣告訴自己嗎？」

「什麼？」

「覺得你自己很可悲？」

我停頓了一會兒才說：「對。」

「你還會跟自己說些什麼？」

「嗯……」我閉上了眼睛，這個問題讓我很不自在。我以爲或許沉默一段時間之後，蓋瑞就會問其他的事情，但事情往往不會這樣發展，我的沉默從沒有奏效，蓋瑞超有耐心的等著我回答。我嘆了口氣，試著答道：「我會覺得自己很軟弱……我不知道……嗯……可悲算是很嚴重的字眼吧。」

蓋瑞點了頭後才再問道：「我想現在重要的是，你要開始體認到自己經歷過的一切。你在我的眼中並不是軟弱的人，只不過是花了許多時間自我打擊罷了。你同意嗎？」

我不知道這場對話將會導向何處：「嗯……可能是……我不知道。」

「你花了很多時間思考自己**應該**要做些什麼，或是為了無法達到某種期望而懲罰自己。」

「可是這眞的很可悲，不是嗎？看段影片就會恐慌發作？我們都分手三個月了，我現在不應該再對她耿耿於懷了。」

「誰說的？」

我聳聳肩：「我不知道。我說的。」

蓋瑞笑了：「讓我這麼跟你說好了。如果是安柏或拉維跟你說了自己經歷的一切，說因為分手，被診斷出有憂鬱症和焦慮症，而且難過到想要自殺，然後他們因為看了一段前男友或前女友的影片而恐慌發作，你會跟他們說些什麼？你會說他們很可悲嗎？」

眞是的，他說的還眞有道理。

「不會。」我溫和回道。

「那麼你為什麼要用那樣的標準來對待自己呢？」

我沉默不語，自己對此也沒有答案。

「大衛，你要允許自己去感受某些事情。你已經逃避自己的感覺很久，眞的太久了。你現在處於一個安全的狀態，可以開始眞正處理其中的一些情緒。無論發生什麼都是不要緊的。你需要把情緒發洩出來，不然的話你是不可能找到出口的。」

我用手撥了自己的頭髮，眞的很沮喪。蓋瑞卻讓整件事聽起來好像很簡單。

「這實在太難了。」

蓋瑞點著頭說：「對，眞的很難，但是你有能力做到的，你一點也不軟弱。」

「我覺得我很軟弱。」

「你是不可能對抗這種事的。你同意吧？」

「什麼意思？」

「你花了太多時間對抗自己的眞實感受。可是，到目前為止，這種對抗的做法有怎樣的結果呢？」

「不太好。」

「對抗讓人精疲力盡。而要度過這樣的事，你必須先讓自己眞正的去感受。」

他一邊說，一邊放下了交叉的雙腿，讓身體前傾靠近我。他眞的試著要讓我清楚一切，聽起來也有些道理。整件事的癥結就是如此嗎？難道只要我可以不再抵抗內心的感受，就可以解決一切嗎？

「我要怎麼做呢？會不會很危險？」我問道。

「你還會想要自殺嗎？」

我想了一會兒。自從我告訴了唐娜、拉維和妮娜之後，那些黑暗的想法就不曾再猛烈地出現過。「不會。」我答道。

「這就對了，」他說：「接下來你想要做些什麼呢？」

六個月後的某一天，我跟妮娜開車去吃午餐。

「你什麼時候要從家裡搬出來？」她問我。

我還沒想過這件事。雖然不用付房租讓生活變得簡單許多，但是我在過去幾個星期，確實爲了缺乏隱私而越來越不耐煩。或者是到了該搬出去住的時候了。

「我現在就可以搬出來啊！」我大聲地回答，這是我第一次好好思考這件事。

「對啊，」妮娜笑了：「你可以的。」

安柏和拉維後來也都贊同這個想法。不過，這些朋友現在都還有租約，這意味著我必須要自己一個人住。

這個主意讓人想要立刻採取行動。一整個空間都是屬於我的，獨立自主，不受他人約束，我的空間。

我在城區的另一端找了一間喜愛的公寓，打包好就搬了進去。在我入住的第一個晚上，拉維、安柏和妮娜都來了，大夥兒一同看實境秀節目，並吃著我用自己的烤箱做出來的烤雞。等到他們回家後，我清洗完碗盤，就上床睡覺了。

我也希望可以告訴你一個比較高潮迭起的過程，可是我已經告別了像連續劇般的生活。我不敢奢想自己可以跟朋友度過一個沒有焦慮的平靜正常夜晚，既然現在能有這樣的時刻，我是不可能再回到從前了。

在那段時期裡，我最大的成就就是學習到如何做個不快樂的人。你可能會以爲我成了這方面的專家，卻不知道其實我全都做錯了。

有些時候，不快樂幾乎是不可能避免的，不好的事情就是會發生。悲傷是重要的感受，但有這種感覺並不代表你是軟弱的。

當然，情況並不是像我的心理醫生與我談的那麼簡單；事實上，我們花了很多時間談論「正念」這個東西，就是一種訓練自己的腦袋可以專注止念的練習。我學習了冥想，並試著培養運動習慣，我不斷地敦促自己更誠實地面對我自己和我對朋友的感受。

重要的問題依舊存在。

沒有了中學、沒有了大學、沒有了男女關係，這樣的我到底是誰呢？沒有人注意時的我是個怎樣的人呢？

漸漸地，我不再害怕獨自一人面對虛空；我不再因此而尋求一段新的感情、一個新的標籤或是一種新的職業生涯，我可以在虛空中找到平靜，我也可以接受不快樂，它不再像從前一樣會對我造成威脅。而這一切耗費了我許多的時間和心力。不過，這就是我要的，我要快樂起來，我厭倦了那些糟糕的感受，我因此選擇去做可以找到快樂的事。

現在的我二十二歲，正獨自坐在自己的公寓裡。我剛沖完了澡，正翻閱著幾本食譜書，思考著今天要做些什麼菜。我必須在截稿之前盡快完成手邊的劇本，之後趕去劇院教青年戲劇課。再過一個星期就是安柏的生日，我需要回應臉書上的最新訊息，決定要在哪裡慶祝。

在我身旁的電話響了。

我腦海中閃過不要接電話的念頭。今天的行程似乎排得太滿了一點，怎麼會有這麼多事情要做。我可以爬到床上躺著，就這麼躲過一天，等到明天再來做這些工作吧。

電話可能是我的雇主打來的，或許是有家長想要了解今天下午的課程，也可能是劇場製作人要給我的劇本一些新意見。這樣的想法讓我焦慮了起來，難道從今天起人們會識破我其實並不夠好嗎？

也有可能是拉維或安柏打來的電話。

到底我今天想不想參與這個世界呢？

我是否強壯到足以讓自己正常運作？親身參與這個社會？我可以存在在世界上嗎？

我想了一會兒。

明天的我可能需要向後撤退，那也沒有什麼大不了的。

可是今天的我決定要出來面對世界。我知道自己是有足夠的力氣度過今天的。

我隨即接起了電話。

現在
Now

寫作本書時，距離卡麥隆在視覺藝術課上欺負我已經是十五年前了，離我第二次搬離家裡也有五年之久，日子就這麼一直過了下去。

戴妮拿到了表演學位，事業蒸蒸日上，成爲國內最有趣的劇場藝術家之一。雖然不常說話，我們還是會偶爾見面。

我跟泰德和唐娜還是保持相當密切的關係。唐娜在大學裡已經晉升到了主管階層，儘管我說不出確切的人數，唐娜也不太清楚自己對學生的影響力，可是我在藝術和教育領域遇見的許多人，都主動向我提起，自己是在大學時受到唐娜的影響，而改變了自己的一生。泰德仍舊是個好爸爸、好丈夫和好朋友，我還是偶爾會當他們兩個小男孩的保母。

安柏的事業做得有聲有色，現在是澳洲昆士蘭最有影響力的藝術製作人之一。

我們仍是摯友。

詹姆斯與他的男友已經穩定交往多年，事業更是一飛沖天。他現在與安柏同住，我們經常會一起聊天和工作。

拉維現在則是澳洲和韓國兩頭跑，他在韓國教導那些被褫奪公權的青年，而且十分出色。拉維仍舊是我遇過最優秀的人之一，現在我們還是好朋友。

妮娜後來當了中學老師。她是我認識最聰明的人之一，更是我見過最棒的老師。雖然我們已經不像從前那樣親密了，但是仍會不時聚首閒談。

在我們的事情之後，瑞秋馬上認眞交往了幾任女友。我們現在已經失去聯絡了。

因爲職業生涯的交集，我和蒂芙現在又有了聯繫。她是一位剛生了寶寶的自豪媽媽，婚姻生活十分愉快。

我在十年前沒有跟瑪莉道別，經過臉書上的地毯式搜尋後，終於找到了她。她住在遠方。我藉由訊息跟她聯繫，並且短暫地談過話，兩人現在都對自己的生活感到滿意。已經當了母親的瑪莉現在過得很好。我們後來就再也沒有交談過了。

我在臉書快速地搜尋了一下，很快就發現卡麥隆後來成了混凝土師傅，現在正沉浸於愛河之中。

我不知道雷在哪裡。

我也不知道賽門的去向。

我的爸媽都退休了。雖然他們在身體或心理健康方面都有些問題，但是他們大部分的時間都是快樂的。經過幾年時好時壞的溝通之後，我們終於找到了成年子女和年邁父母的相處之道。我會固定找他們聊天。

安迪和克里西仍然跟爸媽住在一塊。雖然我不常跟他們說話，但是我們還是處得很好。

獨居幾個月之後，我開口邀請了相當可愛的艾蜜莉外出約會。我們曾經一起做過一齣戲。

我傳了簡訊邀她喝咖啡，她答應了。從喝一杯咖啡變成了一頓午餐，我們竟然聊了五個小時，我可以說是經歷了自己有生以來最輕鬆的一次談話。

認識艾蜜莉是我生命中最棒的事。她是我見過最棒的一個人，我每一天都對她心懷感激。

交往幾年之後，我們結婚了。婚禮上，我讓安柏當伴娘，拉維則是我的伴郎；雙胞胎的致辭完全是從流行文化脫胎而來，但是卻讓每個人都感動落淚。那場婚禮是我這輩子度過的最美好的時光之一，一家人聚在一塊跳舞和縱情歡笑。

實在是出乎意料之外，我居然擁有了一個自己從來不敢奢望的生活。

我無法告訴你如何快樂起來。

有些時候，我還是會陷入掙扎，會有焦慮和憂鬱的時刻。

可是我同時擁有很多快樂的時光。

一切就是莫名地發生了。

我會一邊烘培蛋糕一邊聽有聲書；我會玩數獨遊戲；我會跟朋友玩桌遊而哈哈大笑；我坐在艾蜜莉身旁一起計畫著每一天的生活。

在這樣的時刻裡，一股最爲美妙輕盈的情感會悄悄地輕拍著我的肩膀。

那是某種深沉熟悉的東西，有如空氣般，一種易碎的能量。

這種能量就是快樂。它回眸對我笑著，而我從來沒有想過自己竟然也有這一面。

雖然有時不太擅長面對這種時刻，但是我會試著停下來吸一口氣，然後對它微笑著點頭示意。

是的，我很快樂。

這是美好的。

是的，生活是ＯＫ的。

然後我繼續過日子。

我會繼續活下去。

致謝

本書絕對不是憑空而來的，是在許多相當聰明且仁慈的朋友協助之下，才促成了這本小書的誕生。

首先，我要向丹・麥馬漢（Dan McMahon）致上由衷的謝意。丹，當你開口邀請我去跟你的十二年級學生聊聊成長的經驗時，我其實是很懷疑自己有什麼值得分享的故事的。這本書之所以會誕生的根本原因，就是因爲你對我的故事所抱持的信念，感謝你對我充滿信心。

在撰寫這本書的不同階段，承蒙許多人撥冗閱讀，並在重要時刻給予我中肯的建議。我要在此鄭重感謝芮麗達・華特斯（Neridah Waters）、莉澤兒・辛克（Liesel Zink）、崔維斯・道寧（Travis Dowling）、瑪吉・布朗艾許（Margi Brown-Ash）、蘇珊・麥肯基（Susan Mackenzie）和傑森・克拉維恩（Jason Klarwein）。你們的鼓勵對我的重要性是無法衡量的。

我也要謝謝在書裡出現的一些人，他們不僅閱讀了這本書、甚至爲我獻上親切的祝福，我對此十分感激。

對於Text出版社的信任和支持，我眞的不知道應該要如何表達自己的謝意。我以身爲這間出版社的作者爲榮。我要特別感謝我的編輯珍・皮爾森（Jane Pearson），她實在是太棒了。

同時在此向我的朋友們致謝——你們之中的多數人在不同時候讀了這本書，或者是與我共同從這些生活經驗中成長。克萊兒（Claire）、阿里（Ari）、史蒂夫（Steve）、卡利（Carley）、珍娜（Janet）、理查（Richard），要是沒有你們，就不會有今天的我。

我要謝謝爸爸、媽媽、安迪和克里西。謝謝你們願意信任我，讓我寫下這一小段故事，同時也謝謝你們如此溫和地將一位神經質的少年撫養成人。

最後，我要感謝艾蜜莉，妳眞的是很棒的妻子，願意信任我和這本書。謝謝妳。我愛妳。

如果你需要協助……

生命線 1995

張老師專線 1980

自殺防治專業諮詢電話

二十四小時安心專線 0800-788-995

就在我一邊洗碗一邊哭泣三個小時的那一天，我撥打了自殺專線電話，電話線上的人真的幫助我捱過了那一天。如果你覺得自己孤立無援，請撥打電話，這麼做你是不會有任何損失的。

如何快樂：關於愛、性，與青春的迷惘 / 大衛．伯頓 (David Burton) 著；周佳欣譯．-- 初版．-- 臺北市：時報文化，2016.04.　面；　公分
譯自：How to be happy : a memoir of love, sex and teenage confusion
ISBN 978-957-13-6590-9(平裝)

1. 伯頓 (Burton, David)　2. 傳記

787.18　　105003962

ISBN 978-957-13-6590-9
Printed in Taiwan

人間顧問 231

如何快樂 關於愛、性，與青春的迷惘

How To Be Happy: A Memoir of Love, Sex and Teenage Confusion

作者　大衛．伯頓 David Burton ｜ 譯者　周佳欣 ｜ 責任編輯　陳怡慈 ｜ 責任企畫　劉凱瑛 ｜ 校對　施舜文 ｜ 美術設計　三人制創 ｜ 董事長．總經理　趙政岷 ｜ 總編輯　余宜芳 ｜ 出版者　時報文化出版企業股份有限公司　10803 臺北市和平西路三段 240 號 4 樓　發行專線——(02)2306-6842　讀者服務專線——0800-231-705．(02)2304-7103　讀者服務傳真——(02)2304-6858　郵撥——19344724 時報文化出版公司　信箱——台北郵政 79-99 信箱　時報悅讀網——http://www.readingtimes.com.tw ｜ 人文科學線臉書——http://www.Fcebook.com/Jinbunkagaku ｜ 法律顧問　理律法律事務所　陳長文律師、李念祖律師 ｜ 印刷　盈昌印刷有限公司 ｜ 初版一刷　2016 年 4 月 22 日 ｜ 定價　新台幣 320 元 ｜ 行政院新聞局局版北市業字第 80 號 ｜